# 你不再是我父親

**Et j'ai cessé de t'appeler Papa**

Quand la soumission chimique frappe une famille

**Caroline Darian**

卡洛琳・達里安——著

周桂音——譯

臉譜書房 FS0194

# 你不再是我父親

既是法國馬贊迷姦犯的孩子，也是無畏直面邪惡的母親之女，她如何面對這一切？

Et j'ai cessé de t'appeler Papa : Quand la soumission chimique frappe une famille

作　　者　卡洛琳．達里安（Caroline Darian）
譯　　者　周桂音
責任編輯　許舒涵
行銷企畫　陳彩玉、林詩玟
封面設計　Bianco Tsai

副總編輯　陳雨柔
編輯總監　劉麗真
事業群總經理　謝至平
發 行 人　何飛鵬
出　　版　臉譜出版
台北市南港區昆陽街16號4樓
電話：886-2-2500-0888　傳真：886-2-2500-1951
發　　行　英屬蓋曼群島商家庭傳媒股份有限公司城邦分公司
台北市南港區昆陽街16號8樓
客服專線：02-25007718；02-25007719
24小時傳真專線：02-25001990；02-25001991
服務時間：週一至週五上午09:30-12:00；下午13:30-17:00
劃撥帳號：19863813　戶名：書虫股份有限公司
讀者服務信箱：service@readingclub.com.tw
城邦網址：http://www.cite.com.tw
香港發行所　城邦（香港）出版集團有限公司
香港九龍土瓜灣土瓜灣道86號順聯工業大廈6樓A室
電話：852-25086231　傳真：852-25789337
電子信箱：hkcite@biznetvigator.com
新馬發行所　城邦（馬新）出版集團
Cite（M）Sdn. Bhd.（458372U）
41, Jalan Radin Anum, Bandar Baru Seri Petaling,
57000 Kuala Lumpur, Malaysia.
電話：+6(03)-90563833　傳真：+6(03)-90576622
電子信箱：services@cite.my

一版一刷　2025年9月

城邦讀書花園
www.cite.com.tw

ISBN　978-626-315-681-4（紙本書）
EISBN　978-626-315-684-5（EPUB）


定價：NT380
（本書如有缺頁、破損、倒裝，請寄回更換）

圖書館出版品預行編目資料
你不再是我父親：既是法國馬贊迷姦犯的孩子，也是無畏直面邪惡的母親之女，她如何面對這一切?／卡洛琳．達里安(Caroline Darian)著；周桂音譯. -- 一版. -- 臺北市：臉譜出版：英屬蓋曼群島商家庭傳媒股份有限公司城邦分公司發行，2025.09
面；　公分. --（臉譜書房；FS0194）
譯自：Et j'ai cessé de t'appeler Papa : Quand la soumission chimique frappe une famille

ISBN 978-626-315-681-4（平裝）

1. CST：達里安(Darian, Caroline)　2. CST：回憶錄
3. CST：刑事案件 4.CST: 法國

784.28　　114009094

「事情一旦寫出來，便再無遁辭了。」

——利昂納爾・杜羅伊*

* 譯註：利昂納爾・杜羅伊（Lionel Duroy，1949～），法國作家，

# 前言

在我書寫這段前言的此刻，亞維儂法院即將展開一場歷史性的審判。這案件，在法國是史無前例的。

審判將持續四個月，從二〇二四年九月二日開始，每週開庭五天。被告共計五十一人，其中包括我父親，他們於沃克呂茲省（Vaucluse）地方法院刑事法庭出庭應訊，是因為性侵害我母親。案發當下她被丈夫下藥，她毫不知情，這樣的犯行持續了超過十年。

說得詳細一點，生下我的那個男人，被控透過交友網站邀約若干男性和他的妻子發生性關係，她因藥物而陷入昏睡、不省人事。他不收取任何費用，但要求錄影。

這些被告當中，十八人暫時收押，三十三人行動自由但限制住居，直到二〇二四年十二月二十日宣判。意思是，四個月的審判期間，他們能自由進出法庭，每晚都能像個光明磊落的人一樣安心回家。最讓我無法忍受的是，好幾週的期間，我會和他們坐得很近，只隔幾張椅子。

這些被告被求處的最高刑期是監禁二十年，會有四十九位辯護律師，罪名包括數種不同重大情形之下的性侵、集體性侵、數種不同重大情形之下的性侵未遂、集體性傷害、竊錄他人私生活、錄製或傳播私人影像、錄製或傳播他人之猥褻影像、持有未成年人之猥褻影像。

這一長串的罪名本身，已讓人難以忍受。此外，這場訴訟將有五位原告列席，也就是我母親、我哥、我弟、我嫂嫂、還有我。

為了證明我母親確實是受到藥物操控的受害者，我們必須面對我父親拍攝的兩萬份數位檔案，包括照片和影片，殘酷的醜事全都攤在眼前。這樣的事發生了好幾十次，持續了好多年。其中偶爾會出現我的照片，而我一點記憶都沒有，也不知道這代表什麼。

這場審判並非不公開審理，而是開放旁聽。法院的空間已特別安排，好容納人數眾多的利害關係人，其中一間審判室是被告、律師與原告的空間；另一間則為民眾與媒體提供同步轉播。這樣的空間安排方式，我和母親與兄弟已經暗中準備了好幾個月。

於是，二〇二四年九月初，我們將要出庭作證，接受一幫律師以及由專業人士所組成的陪審團質問。他們會審視、剖析我們的人生，將我們生命中每一個微不足道的小角落搜個遍。幾年以前，我們還以為自己的人生很「平凡」。

我們很清楚這代表什麼意思——重新經歷這場夢魘，而且必須赤裸裸地面對眾人。

出庭作證之後，我們有幾天時間可以稍微喘口氣。接下來，我父親多明尼克將於九月中出庭。之後數週，則是其他被告出庭應訊。最後輪到律師發言，包括我們的律師與辯護律師。

除了必須承受重新審視這樁事件的痛苦之外，更糟的是，我們手無寸鐵。我們沒有相關經驗，也毫無前例可以參考。我們的家族故事確確實實是一場災難。我父親不只在他的妻子渾然未知的情況下，使用藥物迷昏並性侵她長達十年，他還把她獻給至少八十位陌生男子，其中多數是在Coco.gg這個交友網站認識的。他只是為了滿足自己的窺淫癖，因此不收取任何費用。該網站最近終於遭到查扣，由於涉及數起刑案與兩萬三千多起糾紛，網站已於二〇二四年六月二十五日正式關閉。

※ ※ ※

身為受害者的孩子，同時也是劊子手的孩子，這份重擔異常沉重。四年來，我試圖開創新的人生，切割我曾經深信的所有事物，儘管那是我藉以成長的信念。我的人生在一瞬間劇烈傾覆。過去的一切都被掃空，但未來在哪裡？當你習慣的生活被命運擊出一記**全倒**之後，如何計畫將來？我們家是一艘遇難的船，顛沛的航程宛如迷宮，將近兩年期間，我們每次前進都開啟一扇嶄新的門，門後是齷齪的新發現，是發生在我們的案件之前的、更早的事件之殘跡。源源不斷的波濤全是疑問，沒有解答。

我曾試著去釐清、去理解這個養育我長大的男人真正的面目，卻徒勞無功。直至今日，我仍怪罪自己竟然什麼都沒發現、竟不曾心生懷疑。我永遠不會原諒他這麼多年來的所作所為。儘管如此，我心中仍舊存在那個我曾以為熟悉的父親形象。那形象兀自深植我心，早已成為我人生舞台的背景。

二〇二〇年十一月二日之後，我不再聯絡他。但決定命運的審判日漸漸迫近，而我愈來愈常在偶爾得以沉睡幾小時的時候夢到他。他和我交談，我們一同歡笑、同聚一堂。清醒之際，我又回到夢魘之中——和過去相較之下，現在是一場惡夢。而我思念父親。我指的不是那個即將受審的被告，而是曾經照料我四十二年的那個人。發現他殘酷的醜惡面之前，我曾經如此愛他。

我如何能夠做好準備，心平氣和地面對他？如何處理內心對於至親的糾結情緒？既憤怒又羞恥，同時卻也心懷同情。我得知他這四年換了三間監獄。我知道他待過哪裡：首先在亞維儂的勒蓬泰（le Pontet），然後是馬賽的博默特（Beaumettes），現在則是沃克呂茲省的德拉吉尼昂

（Draguignan）。單獨隔離。我心中浮現的第一個念頭是：他能適應嗎？他會不會因為想念我們、因為孤單、因為被迫與世隔絕而痛苦？緊接著浮現的念頭，卻讓我咬牙切齒：這不過是執行正義而已，看看他對媽媽、對我們、對這個家做了什麼壞事。就讓這個喪心病狂的傢伙自生自滅，他是咎由自取。

我的父親是罪犯。這是個殘酷的事實，我必須學習和這個事實一起活下去。我必須習慣一股撕心之痛從兩端拉扯著我，一端是對於真相與正義的渴求，另一端是我內心仍未消失的、對他的愛。

有時候，我心中會湧現一股被遺棄的感受，那侵蝕我心，壓得我喘不過氣。爸爸，你為何離我們這麼遠？我原本以為自己已經告別父親了。事實上，是這場審判喚醒我心中的小女孩——她還未能斬除父親的形影。我害怕自己無法討厭他。或許，這場審判能幫助我以某種方式，向心中的父親徹底訣別。我父親當然還活著，但我或許永遠無法直視他的雙眼，告訴他：他曾經對我多麼重要、又如何毀滅了我人生的一部分。他熄滅了從前的光輝，踐踏了我天生對男性抱持的信心。

※※※

我家這樁案件，揭露了一項在法國被嚴重低估的社會現象。發生於社會上、乃至於家庭內的「藥物操控」[1]，比一般所想像的更為猖獗。這套操控模式是性侵者最愛用的武器。關於這現象，目前我們仍舊沒有可靠的統計數據。更不用說，我父親於二〇二〇年被逮捕時，沒人提到這件事！

藥物操控難以界定，不容易鑑別，相關數據不足，診斷機制不良，因此受害者孤立無援，而受害人士形形色色，除了女性之外，偶爾也有男性、

1 譯註：La soumission chimique，直譯為「化學屈服」，泛指以強迫手段或在當事人不知情之下，使用藥物、酒類或毒品等，蓄意使對方喪失行為能力。

兒童，甚至新生兒與年長者，涉及所有社會階層。我們都聽過液態搖頭丸（GHB），也就是俗稱的「迷姦藥」，但是誰會想到，下藥者竟是親人，而藥物還是從家裡的藥櫥裡拿出來的？

殺害女性、性侵兒童，近年許多駭人聽聞的事件，全都彰顯一個現象：性暴力案件通常涉及某種特定權力的運作方式，因此這類案件並非個別的單一事件，而是既定體制的慣行。藥物操控也不幸如此：絕大多數的受害者都是女性，而在有資料可供統計的案件當中，百分之七十皆屬性暴力。私生活空間是這類暴力最常觸及的場域。

關於這一點，可參考國家藥品與健康食品安全管制中心（ANSM）的研究結果：二〇二一年，警方根據報案案件轉交的七百二十七筆警告當中，有八十二件屬於藥物操控，我們因此得以概略敘述這些受害者的樣貌：其中多數為女性（百分之六十九點五，但比例應該更高），年齡介於二十歲至三十歲之間。使用的藥物大半是一般常用藥：抗組織胺藥、抗焦慮劑、安眠藥、類鴉片藥物（百分之五十六）；其次為搖頭丸（MDMA）（百分之二十一點九）；著名的「迷姦藥」比例很低（百分之四點八）。下藥者經常是熟人（百分之四十一點五），案發現場常是私人空間（百分之四十二點六）。

安眠藥、過敏藥、止咳藥等原本應該用來治療的藥品，卻因為其鎮靜效果與肌肉鬆弛效果，而被人移作他用。另一項值得注意的特徵是，受害者經常對此毫無自覺，譬如我母親就是如此。她們完全不知道自己發生了什麼事。家庭暴力原本就特別難以啟齒或採取行動，這類案件的受害者更因記憶模糊而無法指認犯行或加害人。藥物操控非常陰險，難以察覺。加害人因此認為自己不會遭受懲罰，犯行可能就這樣持續幾個月，甚至好幾年都沒人知道。

在許多案例當中，性侵犯的策略經常是讓受害者失去反應能力，像關掉一盞燈一樣。她成為一件毫無反應的物品，像一尊木偶任憑加害人擺布。此外，一些專家分析指出，藥物迷姦日益猖獗的原因之一，是因為它製造一種錯覺，減輕加害人的罪惡感，因為他們認為受害者一點感覺都沒有、醒來就全忘了。

然而，受害者並不會遺忘一切。她的身體與潛意識，都殘留暴行的烙印。而且，她在不知情之下服用的藥物副作用折磨著她。性侵受害者要報案已是極度艱難之舉，如今加上記憶模糊、對暴行沒有印象，唯一僅存的便只有沉默、不安與醜行。

這些受害者保持緘默，更確切地說，她們幾乎不曉得自己是受害者。她們的健康情形惡化。她們心懷擔憂，卻又不知原因何在，接下來又是一連串折磨：尋求治療，卻苦無對策，因為醫生們並未接受相關訓練，看不出病人已被下藥。結果就是，沒人想到這個可能性。異常的疲倦、記憶喪失、跌倒、作嘔，這些症狀並未被歸因於服藥過量，就因為病人告訴醫生她並未服用藥物！

在極少數的情況下，受害者懷疑自己被下藥的時候，坊間的檢驗所與小診所就變成確確實實的診療死胡同。藥物篩檢是唯一能夠檢驗可疑藥物的管道，但很不幸，藥物檢測實際上並非療程的一部分。於是又來了一連串的受罪，受害者必須自掏腰包，搜尋昂貴的證據，她陷入孤立無援的陷阱，而當她精疲力竭蒐集證據的同時，提出告訴的可能性變得愈來愈渺茫。

問題的核心就在這裡：如果近在咫尺的醫護人員毫無管道來辨識這類暴行的話，那怎麼能夠保護受害者呢？鼓勵報案，卻不強化司法機關與坊間醫療機構的連結？

治療藥物操控受害者仍是當務之急。這類暴行並非只是社會新聞，而是確確實實的公共衛生議題。跌倒、昏迷、記憶障礙、睡眠障礙、體重減輕、戒斷症候群……不僅如此，針對藥物迷姦的全國調查指出，已知的可避免之風險亦包括創傷後壓力症候群、非預期懷孕、在公共場所發生意外等。醫療高層機構、司法機關、警察體系、社運界……這議題涉及許多不同領域，人人都有責任。

二〇二二年九月，本書出版幾個月後，我決心要將最有力量的戰友聚集起來。不到一年，我們發起一場呼籲社會關注並採取防治行動的運動，名為「#別讓我昏睡：杜絕藥物操控」（#Mendorspas : Stop à la soumission chimique）。我們藉此展開一場新的戰役，不只為我母親發言，更要替那些隱形的受害者發聲。

必須說，發起這項行動的過程中，我很幸運，獲得好些有力人士無與倫比的支援與動員，我非常感激這些人。兩年來我所結識的關鍵人物當中，首先要感謝的是萊菈・查瓦齊（Leila Chaouachi）博士，巴黎藥酒癮防治中心的藥物監控專家。她負責主導國家藥品與健康食品安全管制中心的年度調查，是法國國內關於藥物操控受害者的醫療程序最優秀的教學者之一。我之所以能夠得知自己家中發生的事件並非單一個案，有一部分是她的功勞。

此外，還有打從一開始就和我並肩作戰的盟友們，若非這些人，我永遠不會去接觸好幾十位媒體知名人士，請他們協助我在社群媒體上推廣這項宣導運動。如果沒有我的朋友艾芮兒（Arielle）和她整個團隊的協力，我絕對不可能在媒體上如此活躍，或許也不會真的在二〇二三年九月遞交「#別讓我昏睡」這個團體的成立申請書。這項史無前例的宣導運動，目的是讓大眾認清藥物操控在私人生活領域造成的後果。我們藉此呼籲建立一套廣大的醫護人員教育機制，並成立跨部會的相關工作小組，讓大多數相關人士能夠齊聚一堂，以求改善受害人求助無門的狀況，尤其是坊間醫療的部分。

二〇二三年十一月十四日，爆發了喬埃・葛利歐（Joël Guerriau）事件。這位參議員疑似試圖下藥迷昏桑德琳・若索（Sandrine Josso），她當時是大西洋羅亞爾省（Loire-Atlantique）的眾議員。他邀她到自己家裡，藉口是慶祝他再度當選參議員。根據桑德琳的說法，她很訝異他家沒有其他客人，而喬埃・葛利歐疑似在她的香檳杯中下藥，但她並未察覺。她頭暈目眩、噁心想吐，頓時以為自己心臟病發作。她用僅存的一絲氣力逃離現場……

儘管計程車司機注意到她狀態有異，卻是桑德琳本人自行就醫。抵達醫院時，她呈現服用毒品的典型症狀：瞳孔放大、口乾舌燥、虛弱無力。藥物篩檢分析證實，她的血液中檢驗出搖頭丸的成分。喬埃・葛利歐因為「在一個人不知情之下使其服用藥物，目的為使其失去判斷力或自我控制能力，以進行性侵害或性暴力」而被傳喚訊問。他面臨的最高刑期是五年。

桑德琳這起案件尚未宣判。該案件指出的可能性令人不寒而慄：辦公室的同事也有可能成為加害人。我們有可能被朋友下藥。藥物迷姦議題首度入侵政壇，而受害的關鍵人物並不畏懼大聲發言。我立刻決定聯絡桑德琳，邀她擔任「#別讓我昏睡」的代言人與發言人。將個人的創傷，轉化為集體戰鬥——改變現狀的動力，便是源自於此。我們很快就決定集結眾人的力量。我們的目標是傾聽、相信、協助所有受害者，因為並非每個人都能有媒體支持！

今年六月九日國會臨時解散改選之前，當時的法國總理加布里埃爾·阿塔爾（Gabriel Attal）指派桑德琳主導一項國家級的行動。目前我們還不知道該計畫是否受到影響[2]。

2 譯註：桑德琳·若索負責集結各界資源，調查、分析、防治法國國內的藥物操控行為。二〇二四年十一月，當時的總理米歇爾·巴尼耶（Michel Barnier）批准繼續執行該任務。

＊＊＊

要總結這段前言，我無法不向我母親致意。她是我所知道最堅強、最令人欽佩的女性。她今年七十二歲。人生中難熬的時刻與全然無望的絕望，她很早就經歷過了，比我更早上許多。她在九歲那年失去親生母親。那是一九六二年一月的寒冬，據當時的說法，死因是「一場久病導致的後果」。今日的說法較為簡短：癌症擴散。可想而知，喪母的悲慟像烙鐵重創一個孩子的一生，將她的未來重新洗牌。我母親鍛鍊出鋼鐵般的心志。她從不屈服。她熱愛生命，無論人生給她的是驚喜、抑或出人意料的壞消息。

我父親的罪行東窗事發之後，我母親搬離她和丈夫的房子，幾乎沒有流淚。五十年的共同生活瞬間破滅……我看著她打開紙箱、選擇留下哪些家具、清空櫥櫃、拿下原本掛在牆上的相片，態度莊嚴得不可思議。儘管她處於脆弱狀態、精疲力竭，她依舊克制、持重、屹立不搖。她沒有別的選擇。她必須離開。離開這座村莊，離開她居住的社區，離開她的朋友，遠離她曾經如此深愛的山丘與灌木林，獨自繼續她的人生，雖然她連自己要去哪裡都不曉得。我和她非常不同。我的個性是一本攤開的書，無法掩飾自己的情緒。至於她，她像是中世紀的女王。抬頭挺胸、絕不低頭，沒有半句埋怨。她是真正的英雄，昂首站立於廢墟之間。

這兩年來，媽媽扛下主導我們一家的重責大任，但她明明是首當其衝的受害者。她被下藥、被殘害，被交給陌生人蹂躪。她花了很多時間和她的孩子們對話，傾聽我們的心情。當時的我被憤怒與絕望擊垮，有時早上無法起床。媽媽總是鼓勵我走出門、動一動、和人見面，整頓我的人生。

她就是這樣整頓她的人生。她在另一個地區安頓下來，那兒沒有半個她認識的人。她學會獨自生活，重新開始駕駛、維修房子、處理瑣碎的行政手續——這些事原本是我父親在做。她建立了新的人際關係，認識新朋友，絕口不提她從前的人生，並重新開始做運動、接觸藝文活動……她很陽光、很風趣、很有活力。她的最終目標是重拾正常生活，奪回命運的自主權，遠離某些人的好奇目光。我們從沒見她崩潰過。性侵她的人當中，有一名愛滋帶原者，在得知這件事時，她也沒有崩潰……她是個多麼高尚的人啊，我們從沒聽過她誹謗我父親！

最近幾個月，媽媽敦促我保護自己。我奮不顧身投入這場戰鬥，試圖遏阻法國的藥物操控行為。在媒體拋頭露面並非易事。扮演吹哨者的角色，亦有其負面效應。

我汲取力量的泉源，是我母親常說的一句話，這句話很有她的個人特色：「繼續相信人生，相信生命會給你最美好的事物。」這句話是不是很天真？恰好相反，這句話使我屹立不搖。

放棄不公開審理是媽媽的決定。所以，這場審判將開放旁聽。她的理由：這樣才能讓涉案的五十一個男人面對社會集體的目光。不公開審理簡直太便宜他們了。他們必須在更多人面前為自己的行為負責。這決定，我們一起討論了很久。這是她的選擇，我尊重她的選擇。儘管我很害怕，到時候我們家的案件會暴露在媒體面前。到時一定會洩漏許多細節、流傳許多謊言。個人隱私即將被撕裂成碎片，該如何做好心理準備？如何面對剝奪感、以及侷促難安？

我的母親重獲自由了——這是她本人的用詞。我在媒體上的行動，是她重拾自由的原因之一。她說，如果連她自己都以身為受害者為恥的話，那我們是沒辦法幫助受害者的。她是這樣說的：「卡洛琳，謝謝你為了所有在私人生活領域受害於藥物操控之人所付出的一切。我會讓你瞧瞧這場奮鬥的最佳榜樣。」

在浩劫之中，我始終緊握母親的手。
以下，便是這場浩劫。

# 二〇二〇年十一月一日，星期日

明天，我六歲半的兒子湯姆必須戴口罩上學。所以我們不斷複習動作。一次，兩次，十次。

我將他戴著口罩的照片上傳我的臉書頁面。沒多久，我父親回覆：「我可憐的小湯姆。這次開學有點特別，加油。外公愛你。」

當時我還不知道，這是我最後一次和父親聯絡。

當時，我過著怎樣的人生？我四十二歲，對事業充滿熱忱，有丈夫、有小孩、有房子。換句話說：簡簡單單的人生，沒見過翻天覆地的大事。運氣很好的人生。日子流逝得毫無波瀾，當時的純真我現在還能感受。每個明天都充滿希望，未來從不令人恐懼。生活圍繞著丈夫、兒子、工作、休閒活動、我父母、我哥我弟和我的朋友們打轉。這一切的一切，都平凡得不得了。

但是，沒人懂得珍惜平凡的可貴，除非是你失去了。

## 二〇二〇年十一月二日，星期一

我把湯姆載到學校門口，我們差點遲到。我充滿柔情地擁抱他。回到家，煮杯咖啡，連上網路。今天的行程是：開會，開會，開會。沒完沒了的線上會議。

上午十一點，我丈夫回到家裡。保羅的工作時段在晚上。他傳了一通簡訊給我父親：「我剛查看二〇二一年環法自行車賽的路線。我們來規畫一個讓全家開心的目標：明年七月七日，你帶孫子去風禿山（Mont Ventoux）的公路看自行車賽好不好？」他迅速為自己做了午餐，然後睡個午覺。

睡醒時，他看見兩通未接來電，電話號碼是沃克呂茲省的市話。

那一刻，就是轉捩點。電話語音留言，像醫院通知家屬時會做的那樣。這個轉捩點，常常是一副嗓音、一張臉孔。壞消息的具體形象，永遠是某個人類。我們一輩子都會記得那個負責傳達痛苦消息的臉或聲音。我們同樣會記得接到壞消息**之前**，自己正在做些什麼，一個細節都不漏。

我的轉捩點是間接的。第一個被壞消息迎面痛擊的人，是我先生。保羅聆聽第一則語音留言，是我媽媽留的：

「是我。事情很緊急，跟多明尼克有關。請回電給我。」

多明尼克是我父親，他體重超過一百公斤，有呼吸方面的問題。

新冠疫情正值高峰期，想當然耳，保羅以為我父親已經在急救了。但是，另一則語音留言是卡龐特拉（Carpentras）刑事調查局的警官留的。保羅先回電給我媽媽：

「怎麼了，發生什麼事？」

「多明尼克會被關。之前他在超市偷拍三名女子的裙底，被抓個正著。那時他被拘留四十八小時然後獲釋。他被拘留時，警方搜查他的手機、好幾張ＳＩＭ卡、錄影機和筆電，發現了更嚴重的罪行。」

我母親決定先通知保羅，而不是先和我聯絡，是因為她還沒有足夠的氣力告訴親生孩子這件事。而且，她知道保羅值得信賴。保羅的個性夠堅強，這種消息擊不倒他。

他們說好，要由我母親打電話告訴我，而保羅會在我身邊。

處於驚愕狀態的保羅接下來回電給留言的警官。青天霹靂。

「我們發現一些影片，內容是您的岳母正在沉睡，她顯然被下藥迷昏，被一些男人侵犯。」

這番話聽起來毫無真實感。話語鑿開一道驚人的斷層。保羅被拋入另一個時空，墜入屬於社會新聞的、駭人聽聞的世界。社會新聞原本是一道疆界，將我們的人生與齷齪之事區隔開來，但我們的人生已經只屬於**從前**的世界了。

警官以沉著的態度通知保羅這消息，每字每句都持續鑿深這不可能的洞穴，讓它永遠進駐我們的生命之中。

這一系列的性侵害，可以追溯至二〇一三年九月。這日期是警方從我父親的不同數位器材所取得的檔案當中，最早一批影像檔的日期。加害者的人數令人目瞪口呆：

「目前能夠確定的數字，是七十三人。目前我們已查出其中五十多人的身分。他們的年齡介於二十二歲至七十一歲之間，來自各個不同社會階層，當中有學生、有退休老人，甚至還有一個記者。所有犯行都是由您的岳父一手策畫、拍照、錄影。要把這些影片全部看完，對我而言也是很艱難的事。而且我們還沒鑑定所有檔案。」

警方的調查小組已經沒日沒夜調查這案件一個半月。調查小組擔心我媽媽會有性命危險。就要滿六十八歲的她被餵了那麼多藥物……警官最後的結論是：「好好照顧她。她會需要有人支持她。」

保羅腦中只有一個念頭——走出門，逃離這棟房子。他知道我只剩幾小時的悠閒時光，隨後就會猛然墜入另一個世界。我盯著電腦螢幕聚精會神，甚至沒看見他經過我面前、走出房子。

保羅在車子裡打電話給他姊姊薇若妮卡，她是湯姆的乾媽。保羅請她當天晚上過來幫忙。他們擬定了一個計策，避免引起我的懷疑。

當我發現我的兒子已經和我的丈夫一起從學校回來時，我剛結束宛如馬拉松般漫長的一日。當時將近晚上七點，我提議外帶日本料理當晚餐。正要出門時，門鈴響了——是薇若妮卡！她和平常一樣活潑、熱情，面帶微笑。

「我剛好路過。」她說。

湯姆飛奔進她的懷裡。我去了日本餐廳。我在車裡打電話給母親，她用奇怪的態度敷衍我。我有種不好的預感。

從餐廳回到家後，我把大包小包的料理擱在餐桌上，聽見兒子和他的乾媽一起大笑。這類屬於日常生活的親切聲音，當時還沒成為不復存在的往昔回憶。

廚房裡，保羅面色凝重。他直視著我，要我坐下。

手機響起。媽媽終於回電了！當時是晚上八點二十五分，我看著保羅背後我們家廚房的烤箱，上面顯示此刻的時間數字。

後來，我會得知，遭受創傷衝擊的人們對於事發當時的情景，經常只記得其中一個細節。有時是一種氣味，有時是一個聲音，有時是一種感覺，某種微乎其微的小事，卻在事後顯得異常巨大。

而我，在那當下，我看著廚房角落的烤箱時鐘。晚上八點二十五分，以白色數字顯示。以數字標示的一道疆界。我名叫卡洛琳．達里安，眼前是我尋常人生的最後幾秒鐘。

我聽見媽媽顫抖的聲音。她問我是不是已經回到家了，也問保羅在不在我身邊。她堅持要確認這一點。她要確認我坐得很安穩、四周無人打擾，準備好要傾聽她即將告訴我的事情。

「卡洛，你父親今天早上被收押了，不可能放出來。他會被關進監牢。」

我開始發抖，聽不太懂她在說什麼。

「你父親用安眠藥和抗焦慮劑對我下藥。」

「媽，這是怎麼回事？」

「不只如此。我在房裡昏迷不醒的時候，他會邀一些男人來家裡。我看到好幾張我的照片。我睡著了，趴在床上，每次都是不同的男人。全都是陌生人。」

我突然爆發，開始尖叫、咒罵我父親。我想砸毀一切。

「卡洛，我說的是實話。我在警局被迫看了好幾張照片，還以為我的心跳要停了。警官告訴我，這些性侵案件還有許多錄影檔，他希望我至少看一支，但我告訴他，照片就已經很讓人難以忍受了。他說：『女士，我很抱歉。您丈夫做的事，太殘忍了。』」

她痛哭失聲。

保羅緊緊擁抱我。

許多畫面混在一起，無比荒唐的下流畫面：一個路過的男人爬上媽媽的床，她雙眼緊閉、毫無反應……

我還記得你載全家出門度假的模樣。你握著方向盤，你的黑色雷諾嚴重超載。你邊開車邊說笑話，在車上播貝瑞・懷特（Barry

White）的歌，隨著節奏搖頭晃腦唱副歌，你和我們三個擠在後座的小孩子一樣興奮。這幅幸福的畫面，剛才粉碎了。從今以後，你是縱欲性交派對的主謀者，而且還是個可怕的騙子──媽媽說，你們最後一次共進早餐時，一切都尋常得不得了。難道你擁有許多分身，才能成功演出這麼多年的尋常人生……？

媽媽掛掉電話。現在她還得打給我的哥哥大衛，以及我們的小弟佛羅里安。

我失去氣力，緊緊依偎保羅，感覺自己被壓垮了，呼吸困難。

我父親用藥迷昏我母親，然後讓陌生人強姦她。這句話太不真實。這句話太殘暴，導致我只能看見它的倒影──一塊尖銳的石頭，相關細節的碎片劃破我的意識，而我還無法看清它具有多麼嚴重的毀滅性。如果他用藥過度害死她呢？如果她從此一睡不醒呢？這樁恐怖的醜行已持續將近八年，當時媽媽剛退休，他們搬到沃克呂茲省過生活。

而我，我什麼都沒察覺、都沒發現。她也一樣。完全不著痕跡，連一點模糊的記憶都沒有。

在我父親長年不斷用精心計算的劑量毒害之下，相關記憶全都被抹消了。我回想媽媽在電話中顯得神智不清或語無倫次的時刻。她像這樣失神的時候，我們都很擔心。她的三個孩子，都住在離她超過七百公里遠的地方。我們甚至懷疑這是阿茲海默症的早期症狀。我父親堅稱事情不嚴重。那時，他說：「你們的母親不懂得節制精力，她一刻都停不下來，她是個過動兒，這是她消除壓力的方式。」

二〇一七年，我們強迫媽媽去看神經科，於是她在卡龐特拉城裡掛了門診。這位神經科醫師說她可能是因為輕微中風而導致失憶，症狀包括斷片、記憶喪失，但沒有嚴重後果。當時我們並不曉得，但所有精通神經學的專家都知道，一個人不會連續輕微中風這麼多次。

二〇一八年秋，我的舅舅（已退休的家庭醫師）提到一種代償機制：「就像吸塵器的集塵袋如果滿了，那麼機器就會停止運轉以免當機；你也是一樣，你藉此暫離現實、把你的電池充飽。」他這樣告訴她。我們全都相信這個假設。媽媽還是做了核磁共振檢查，當然什麼都沒檢驗出來。誰想得到應該做藥物檢測分析才對呢？

隨著時光流逝，她愈來愈常失神，而且一直對此感到憂心。她長期失眠、落髮、變瘦——不到八年，她的體重掉了至少十公斤。她無時無刻不擔心自己會中風。當她幫忙帶孫子、或是搭火車來大巴黎地區探望我時，她總為此焦慮。

因為如此，媽媽逐漸不再自己開車。她變得愈來愈依賴我父親。

二〇一九年，媽媽又看了一次神經科，這次是在卡瓦永（Cavaillon）。這位醫生將一切歸咎於她太焦慮。他開了褪黑激素給她，藉此改善她的睡眠品質……

我必須過去陪伴她。我不能讓她一個人待在沃克呂茲省，待在那幢曾經上演這麼多殘酷齷齪場景的屋子裡。

保羅負責安排一切。

我需要走出門外，需要聯絡我的兄弟。大衛接電話時，我一聽見他的聲音，就知道他還不曉得發生了什麼事。我忍不住搶在媽媽之前告訴了他。我很內疚。我決定全盤托出。

大衛陷入沉默。他至少花了十幾秒，才聽懂我說的話是什麼意思，好不容易擠出了一句話：

「可是……不可能啊。卡洛，你在開玩笑吧？」

他問我問題，但我幾乎什麼都無法回答。我想安撫他。我感覺他愈來愈緊繃。他結束通話，打算立刻打給媽媽。

當我終於和小弟佛羅里安聯絡上時，他已經和媽媽通過電話。他很震驚：

「他怎麼有辦法對媽媽做出這種事？那我們呢？他有想到我們嗎？」

我哭得像個孩子。

佛羅里安告訴我，他回想起二〇一八年夏天的往事時，他有多怨、多恨。他和兩個女兒在我爸媽家住了好幾天，最後一天，他們即將啟程離去時，晚餐的餐桌上發生了一件事。佛羅里安夫妻當場目睹一幕令人憂心的場景。媽媽在餐桌前坐下沒幾分鐘，就突然恍神了。她撐在桌上的手肘滑出桌緣，她在椅子上搖搖晃晃，像喝醉酒一樣。她的身體在一瞬間失去氣力，像扁扁的布娃娃。

「卡洛，到現在我還是不知該怎麼形容她手腳突然變得無力的模樣。我們對她說話，但她簡直像是被催眠了。動也不動、全身無力、眼神空洞，對我們說的話毫無反應。」

我父親決定讓她就寢。「這樣比較好。她有時會這樣，活動排太滿的時候，她會需要彌補一下。」

事實上，是他在廚房後面的角落，將混合的藥物偷偷摻進她的餐前酒，現在藥效發揮作用了。

那天，我父親將她恍神的原因，推給佛羅里安一家人。他們就這樣上路返家。

我掛掉電話。我需要出門走一走。

這天晚上，氣溫不到攝氏五度，但怒火燒灼我心。保羅跟在我身後。

他決心說服我的兄弟，要他們明早搭第一班車，和我一起去陪媽媽。他盡力安撫他們：「生命是很強悍的。你們應該三人一起陪在母親身邊，愈快愈好。」

他很堅持：「你們要在她身旁緊密團結。這場考驗，你們無法各自單獨面對。」

他也提醒我們：「你們必須很有勇氣、很團結，因為一切才剛開始而已，我們還沒看清事情的全貌。」

我告知主管，請了幾天假。現在，我們該就寢了。我需要我們三個。最後我終於入睡，手中緊握兒子的雙手。

## 二〇二〇年十一月三日，星期二

睡醒時，我全身疼痛，彷彿有人在我背後鑽洞。痠痛也很嚴重，像打了一整晚的拳擊。我馬馬虎虎打包行李，把最基本的物件裝進去。我真的不知道這一趟會去幾天。

送湯姆去學校的時候，我對他重複第三次：我必須去南部找他外婆，然後我會把外婆帶回家裡。我在學校大門前擁抱他，嗅聞他的氣味。摸摸他纖細的脖子、小巧的耳朵、捲曲的頭髮、還有鼻子，然後把他總是熱烘烘的小臉頰貼上我的臉頰。我需要把一部分的他帶在我身上。像某種寶物、像人們偷偷藏在某處的護身符。

湯姆盯著我瞧。最後，他用雙手貼住我臉龐兩側，深深注視我的雙眼，對我說：

「媽媽，你知道我有多愛你嗎？你跟外婆說，我也愛她。」

這句話以及他撫摸我臉頰的方式，深深刻印在我的回憶裡。只有他會這樣摸我的臉。命運多麼諷刺，他甚至沒有提到外公。

前往高鐵車站的路上，我決定聯絡那位警官。我自我介紹，他似乎不意外。

我告訴他，我和兄弟希望能夠在抵達亞維儂之後，立刻去找他談談。但他說他沒有太多時間，因為控告我父親的相關時程非常緊迫。

他們必須趕快結案，否則我父親最後一次收押的四十八小時後，就會被轉到亞維儂司法法庭的刑事部門。他們還得再去一次我父母的住所，尋找我母親被下藥的證據。

結束通話後，我閉上雙眼。

總之，事情是這樣的——我母親被我父親下藥，目的是讓陌生人強姦她。至少八年。好了，現在我聽懂這句話了。我試著不要倒下，卻已被徹底擊垮。

馬西（Massy）高鐵車站，四號月台。

「九點二十五分出發、開往馬賽聖夏爾車站的列車，即將進站。」

月台上，我轉身看著保羅，幾個字脫口而出：「我好怕。」

他擁抱我，緊緊地。我好希望時間就這樣停止，讓我能夠一直將頭靠在他的肩膀上。坐進車廂之後，我看著車窗外面的他，這是我第一次在我的丈夫眼中，看見深深的憂傷。

他再也不會看見沃克呂茲省那棟房子，它對我們而言，曾經是充滿柔情的場所、曾經擁有許多美好回憶。

你點燃小小的烤肉架，開始烤肉。你抬頭，對我微笑。房子的牆壁持續將陽光投射在我們四周，陽光好燦爛，我們每個人都滿心歡喜。湯姆正在盪鞦韆，保羅把酒端過來。一座庭園，一個夏天，一家人。我恨你。

你一直心理不正常嗎？而我們竟然什麼都沒發現？孩子會錯看父親嗎？但是，你究竟是什麼人？

我需要歇口氣。戴上耳機，手機隨機播放佛利伍麥克（Fleetwood Mac）的〈夢〉（Dreams），立刻讓我想起童年往事。暫時無法歇口氣了。這首歌講述的，是原本以為永遠不會改變的天堂。

廁所梳妝鏡裡面的我，令人不忍卒睹。即使戴著口罩，我還是覺得自己在不到二十四小時之內老了十歲。我想著媽媽。她變成了他的性玩具，變成他的物品、他的東西，而我們未能保護她。她明明那麼常來大巴黎地區探望我們。有時她會在我們家住個好幾週，她也會去佛羅里安或大衛家裡住。她和我們很要好，六個孫子孫女也都和她很親近。

當她離開我們、回到馬賛城之後，我們總會有四十八小時的時間聯絡不上她。接電話的永遠是我父親。他說她正在休息，說旅行讓她累壞了。他說，巴黎的生活節奏讓她精疲力竭，到了這把年紀還是不懂得克制。又是相同的謊言……而我們相信了。他處心積慮控制她。他言之鑿鑿，斷言沃克呂茲省的節奏和空氣比大巴黎地區健康多了。到最後，我母親相信了他。

我甚至不再去數，自己曾經發現媽媽處於異常狀態多少次。最令人擔憂的，是她絲毫不記得我們一兩天前才剛聊過的話題。彷彿她的大腦把所有資料更新了。

二〇一九年四月中，我母親從我們家返回南法的隔天，湯姆想打電話給外婆。他想向她炫耀自己在橄欖球賽的戰績。她一開始講電話，就不斷重複同樣的句子，語無倫次，像一首糟糕的歌曲。我見湯姆一臉驚愕，不禁接過電話。

「媽媽，今天星期幾？」

她答不出來。

我打給父親，跟他說媽媽狀況不好，我很擔心她的健康，我還說，這背後一定藏著某種原因。他轉移話題。十年之間，同樣的情節上演了好幾次。他總能找到藉口來迴避我的疑問。說來奇怪，她從未在我家或我兄弟家裡陷入恍神，唯有當她待在自己家裡，和他在一起的時候，她才會這樣。如今，我確確實實看清了這一點。

如今我回想一切，你總是在逃避。你永遠是唯一那個被唾棄的人，你開了幾間公司，但全部倒閉，你總在某個地方惹上某些麻煩。你一下子和可疑人士合夥創業，一下子又因為財務問題和媽媽離婚，藉口是要保護我們，然後幾年後，你又和媽媽再婚……你永遠處於不穩定的狀態，你老是逃避。面對調查小組，你會怎麼講？你會繼續找藉口、試圖哄騙他們，還是你會承認犯行？承認犯行或許很有建設性，如果你終於能夠承認一次，你就是那個總是不斷抱怨不公平的卡通人物卡利麥羅（CALIMERO）。

媽媽一向不喜歡吃藥。連止痛藥她都盡量不去服用……她從不吸菸，也從未對任何東西上癮。唯一的例外，是在她還沒退休以前，她吃很多巧克力。她喜歡散步。

她最近一次恍神，是二〇二〇年十月二十二日的事。那天，一位住在大巴黎地區的女性友人和她通電話，當時大約是下午五點。隔天，這位朋友留了一通語音留言，說她覺得我媽前一天非常躁動，狀態很奇怪，她想知道我媽媽還好嗎。

我母親聽見這通留言時，大吃一驚。她完全不記得前一天和這位朋友講過電話。她很不安，將這件事告訴我父親，而他擺出一臉無法理解的表情。

我和大衛與佛羅里安在火車裡會合。三人緊緊相擁，情緒非常激動，其他乘客都在看我們。

下午一點，亞維儂車站。我們花了超過十五分鐘才找到出口、搭上計程車。這明明是我們再熟悉不過的車站。搭計程車的出口，不是父親每次開車來接我們的那個出口。

是你張開雙臂，讓湯姆奔進你懷裡，你向他微笑。但也是你把藥丸壓碎、摻進媽媽的杯子裡、在網路上徵人、啟動你那台該死的攝影機。

我們在卡龐特拉城的警局前看見媽媽，她等著我們，看起來很徬徨。身高一百六十五公分的她，瘦得衣服鬆垮垮的，雙手擱在她那件小小的淺紫色羽絨外套的口袋裡。

白色口罩戴在她淚痕滿布的臉上，顯得異常龐大。她的黑色大眼有著深深的黑眼圈。她左右搖晃，在左腳和右腳之間變換重心。

一踏出計程車，我就衝向她，將她抱進我懷裡。大衛和佛羅里安也這樣做。她差點哭出來。我牽起她的手，彷彿我才是她母親。

我們推開警局大門。在米色與黃色牆壁環繞的大廳中，我意識到我父親也在這裡，在某間拘留室裡。我們能不能去看他，和他交談？肯定不行。因為這類犯行而被拘押，意指長期的隔離與監禁。

一名司法警官將我們帶進一間小小的辦公室，裡面只有一張桌子和兩張椅子。媽媽決定在大廳等我們。

我無法制止自己想著父親。他是在這間辦公室被訊問的嗎？

警官邀我們坐下，但佛羅里安和大衛寧願站著。我看著他們。佛羅里安直直盯著警官，我從沒見過他這麼陰沉的眼神。至於大衛，他試著表現得若無其事。他看起來似乎沒那麼痛苦，但那只是表面而已。

眼前的狹窄空間宛如捕獸器。我們像三隻小小的獵物，被關在一個盒子裡。如果牆壁朝我們靠攏過來，我絕不會訝異。

警官說明犯行時，我們臉色慘白。

「你們的父親已養成習慣，至少八年以來，他規律地對她下藥，目的是為了性侵她。他錄下過程，並在網路上散布這些影像。」
我們彷彿陷入泥沼。
「此外，從二〇一三年九月開始，他透過一個交友網站，聯絡了至少五十三個人，邀他們到家裡侵犯您失去意識的母親。他在這個網站上張貼她的照片，藉此引誘他們，並在某些論壇分享他的行為。他不要求金錢報酬。」
喪心病狂到了極點。我父親一向經濟困難，卻沒有拿媽媽來賺錢。所以，這只是為了取悅他自己。
後來，我們得知他下的藥混合了勞拉西泮（Lorazépam）和佐沛眠（Zolpidem），前者是含有苯二氮平類藥物成分的抗焦慮化學藥劑，較廣為人知的名稱是特梅斯達（Temesta）；後者是一種強效安眠藥，是唯有在患者發生暫時過渡性的嚴重失眠時才會開的處方藥。我意識到事情的嚴重性，這些年來，我母親即將年滿六十八歲的身體，吞下了這麼多藥物。

警官告訴我們，今天早上他和調查小組再度搜查我父母的住宅，這次我母親也在場。

我父親將藥物藏在車庫裡，在一隻登山鞋裡面、網球鞋下面。今天早上最後一次訊問時，他招認了一切。

警方也尋獲最近一份處方箋，是村裡的醫生不久之前剛開立的。最近幾個月開了這麼多藥，我不禁懷疑醫生也是共犯。

接下來，警官告訴我們，我們的父親應該會被審訊，原因是「在一個人不知情之下使其服用藥物，目的是使其失去判斷力或自我控制能力，以進行性侵害或性暴力；此外，還有竊錄他人私生活；錄製並傳播他人之猥褻影像；在受害者不知情的情況下施加藥物進行性侵害，目的是使其失去判斷力或自我控制能力；數種不同重大情形之下的性侵未遂共犯以及針對尚未查明身分人士之犯行；嚴重的偷窺罪；數種不同重大情形之下的性侵罪」。

這時，我問警官，我父親是否有表達他對於我母親或我們這些親生孩子的內疚。

「沒有。他只感謝我『卸下了他的重擔』。」

我啞口無言。佛羅里安全身緊繃、緊咬牙關。大衛試著繼續挺直身子，儘管他已背靠牆壁、雙手插在口袋裡。我永遠不會忘記他蒼白的臉色、驚惶的神情、發楞的眼神。而我，我不知道自己能不能撐到這場會談結束。

警官繼續說下去。

「你們的父親於二〇二〇年九月十二日首度被傳喚，原因是在卡龐特拉城內一間超市蓄意偷拍三名女性顧客的裙底。三名女子都報了案，因此他被傳喚至警局。」

我在內心感謝這三名女子。如果她們沒有報案的話，性侵案一定會持續更久，尤其這之前與之後都是疫情封城期。她們以這樣的方式，拯救了我母親。受害於性犯罪或性侵害的女性，需要極大的勇氣與韌性，才敢走進警察局。如果沒有她們的話，警方應該永遠無法取得我父親手機內的檔案。

解析我父親的硬碟後，專業調查小組搜出超過兩萬張帶有色情性質的私人照片，內容遠非只是單純的性愛遐想，而是殘忍的暴行。

當時，我對藥物操控幾乎一無所知。我聽過「迷姦水」液態搖頭丸，但不曉得它竟如此猖獗。後來我才知道，加害人愈來愈常對受害者使用安眠藥和抗焦慮劑來侵犯她們。想必是因為這類藥物無色無味，而且很容易溶解在液體當中。

我怎麼會盲目到這個地步？我一直以為自己的第六感很準……

同時，我發現卡龐特拉警局的調查小組為這起案件投入了多少精力。他們的首要目標，是讓我母親遠離劊子手。

他們的時間不多。結果是，他們只花了兩個月，就將這些駭人影片的大部分都分析完畢，並查出第一批加害人的身分，一共是五十三人。了不起的壯舉。

走出辦公室時，我請警官傳話給我父親，這是他在檢察官面前解開腳銬之前、去坐牢之前，我給他的最後一個訊息：「請您告訴他，我永遠不會原諒他。還有，他毀了我們的人生。」

我們去大廳和媽媽會合，她得重新閱讀一遍她的陳述證詞最終版本並簽名。因為待在她身邊，所以我們得以閱讀其中載明的犯行。我們萬分驚愕地發現父親做了一連串的抽血檢查，其中包括二〇二〇年三月的愛滋篩檢。此外，根據從國家健保局調閱的處方箋紀錄，他定期服用威而剛。幾秒鐘後，我明白了，他將我母親暴露在感染各種不同性病的風險中。他隨便就把自己的妻子獻給陌生人，不要求對方進行安全性行為，有時甚至是他禁止對方戴套。

我站不穩了，必須坐下來。我立刻想到媽媽這幾年來的婦科疾病——當時，我們很愚蠢地認為原因出在她的慢性疲勞。所以，現在我們必須把媽媽帶去檢驗所，讓她做一套完整的抽血檢查。我們會發現什麼？發現她得病了嗎？發現她感染愛滋或肝炎病毒？這消息是一枚新炸彈，我試著將它暫時先擱置在腦海深處的某個角落。

我母親曾和警局的心理醫生會面，時間不到一小時。除此之外，沒人向她提議其他的醫療協助。我不得不打電話給一名職業是家庭醫師的表姊妹。但是，其他受害者該怎麼辦呢？那些沒這麼幸運、親友當中沒有醫生的女性該怎麼辦？

警官為這場會晤作結，他告訴我們，我父親已向法官提出申請，希望能戴著電子腳鐐出獄。我聽見自己冷冷回答：他真的什麼都沒搞懂。

走出警局之後，我們前往法院，去拿申請法律諮詢的表格。我們需要找一名律師來捍衛媽媽的權益。

我父母家的白色電動大門開啟時，時間大約是下午四點。雙親飼養的法國鬥牛犬朝我們直奔而來，牠很愛牠的主人。

你打開車門，讓狗狗跳上你的膝蓋。這是你一慣的儀式。顯然，我們比狗更不如。

進入屋子，聞到熟悉的氣味，將行李擱在我和老公小孩都很愛在此過夜的紫色房間。穿越走廊，經過家族照片前方，牆上還有他的繪畫作品，其中一幅是一個裸女：一切都讓人無法忍受。關於這地方的回憶如此美好，如此深植我心，如今這回憶鑲上一層汙穢。在我眼中，這些牆彷彿見證了那些可憎場景。我父親隱藏的暗面，玷汙、粉碎了這一切。凝望那些幸福的家庭照時，不可能不想到他的欺瞞與操控。我想燒掉所有畫作，尤其是那幅裸女。

我深呼吸，去廚房找我母親。大衛和佛羅里安在客廳中忙東忙西，我父親的辦公桌昂然矗立在那裡。他們斬釘截鐵，態度堅定地表示，絕對不能在這房裡待超過三天。他辦公桌上電腦的痕跡依舊清晰可見。他大半空閒時間都待在電腦前面——尤其是晚上，直到深夜。他總坐在椅子上，抽著他的電子菸，雙眼盯著螢幕。連他的孩子和孫子來家裡拜訪時也一樣。

我們必須清空大部分的物品，因為我母親絕對不能繼續在這裡獨居。

我雙親原本計畫在這裡度過寧靜的退休生活。我父親熱愛騎自行車，他很喜歡這一帶知名的單車路線。

這棟房子位於一條非常安靜的死巷，屋況整理得非常好，方便接待家人和朋友。大小適中、坐北朝南。風格獨具的淺藍色遮陽板，漂亮的庭園綠蔭蓊鬱；還有一座不太深的泳池，我母親不管游到哪裡都可以踩到地；以及一個小小的日光浴角落，和我父親悉心照料的花圃。不遠處，是那棵充滿象徵意義的橄欖樹，那是湯姆誕生之後不久，我們送給我父母的禮物。礫石小徑和美麗的燈飾，桑樹與法國梧桐，高大的月桂與玫瑰。還有幾位鄰居以免孤獨。隨著歲月流逝，他們將這地方打造成一個很像他們的地方。

我曾經很喜歡屋前這片露臺。

眼前再度浮現我們的烤肉派對，我們的談話內容，我們的笑聲，歡樂的餐前酒，很晚才開動的晚餐。有時我們會在吃完飯後聽音樂或瘋狂跳舞，有時也會喧鬧著一起玩《天降百萬》（*Money Drop*）或《平凡的追求》（*Trivial Pursuit*）之類的桌遊。

眼前浮現的，是我們幸福的模樣。我曾經以為我的父母很幸福。

我母親從沒想過，有一天她會搬離這地區。她是這麼熱愛這裡的山巒，以及南法特有的灌木叢。她愛風禿山，也愛附近這些小村莊、村裡的夏日節慶、小商店和菜販，還有冬天的密斯特拉季風。

手機鈴聲將我喚回現實。沃克呂茲省的市話號碼，像一支長矛刺穿我的背。我接聽電話，是我們才剛見過的那名警官。他請我回警局一趟，表示要親手交給我一些數位器材，以及幾枚無關緊要的隨身碟。廚房微波爐的時鐘顯示下午五點二十五分。

又是壞消息的徵兆。於是我像緊抓救生圈一樣，湊近眼前的綠色數字時鐘。

我委婉地暗示他，等到明天也不遲，但他很堅持。最後他終於告訴我，他有一些和我有關的檔案要給我看。我掛掉電話，全身顫抖。拿起手提包和車鑰匙，正要出門時，佛羅里安提議他來開車——他絕不肯讓我一個人去，更別說是不和他一起去。

這時，我們兩人都深信，最壞的狀況還等在後頭。我坐在車裡，心跳得飛快，胸膛就快爆炸。我打開車窗，背上彷彿有木炭燒灼。

二十幾分鐘的車程顯得無比漫長。

抵達警局時，我很確定，待會走出來時，我一定體無完膚。弟弟扶著我的手臂。說實話，我已經感覺不到自己的雙腿。

傍晚六點多，這鄉下地方的警局裡還有許多警察與民眾。我多希望自己來這裡是因為包包被搶，或是因為家裡被闖空門！

一名警察示意我跟他走。佛羅里安站起身來，打算陪我一起過去。他被擋下來了。他必須在原地等我。我和這名警察走了不到十公尺，來到另一間小小的辦公室，裡面有兩個警察等著我，兩人各坐在一台電腦螢幕後方。我坐下，在大腿上緊握雙手，握得愈來愈用力，藉此壓抑我的緊張。

這時我注意到桌上的藍色資料夾。幾張紙微微露出來。列印成A４大小的照片。

對於自己即將看見的內容，我非常恐懼。

警官要我放輕鬆——「不是什麼難以忍受的畫面。」他說，他要讓我看兩張照片。他只是想知道那是不是我。

他將第一張照片擺在我面前，我看見一個髮長及肩、淺栗色頭髮的女子躺在床上，朝左邊側躺。時間是夜晚，但能看見床頭燈的光。她的上半身穿著一件輕薄的白色開襟睡衣，下半身穿著一條米色內褲。

右側被子被拉開了，因此能看到屁股的特寫。她睡得很沉。我覺得她蒼白得嚇人、黑眼圈也很驚人。

我抬起頭，告訴他，我不認為這個人是我。

外套口袋裡的手機震動起來，是大衛。他大概想知道發生了什麼事。他不斷撥打，但我不能接聽。

警官拿起第二張照片，遞給我。床單有點眼熟，但僅此而已。相同的姿勢，不差一毫釐，讓人很不安。相同的側躺身影。看著這張照片時，我內心浮現相同的異樣感受。

顯然，這是在另一個房間拍的。這次她穿的是黑白圖案的細肩帶背心，以及和前一張照片非常相似的內褲。於是我要求重看第一張照片。兩張照片的內褲確實是同一條。我又說一次：這個人不是我。

警官端詳我好幾秒。

「很抱歉問您這樣的問題，但您的右頰確實有一道褐斑，和兩張照片中的女子一樣，不是嗎？」

我將視線轉回兩張照片上。頓時領悟。全身上下像被針扎，眼冒金星，彷彿要阻止我看清楚，耳朵轟隆隆的。我往後倒。警官呼喊我弟弟。佛羅里安過來跪在我面前，握住我的手，要我和他一起深呼吸。

終於，有人遞給我一杯糖水！

他怎麼有辦法在深夜拍我的照片卻不吵醒我？我在照片中穿的這條內褲是哪來的？連我都被下藥了嗎？抑或更糟，除了拍攝這兩張照片之外，他會不會也侵犯了我？

冷靜下來後，我看著警官說，沒錯。是的，照片中的人是我。我說不出確切日期。但我知道，至少是好幾年前拍的。一名警察試著安撫我：

「您父親於二〇二〇年九月第一次被傳喚時，做了一份精神鑑定報告，報告指出，您父親很明顯有窺淫癖方面的異常。」

他還提出鑑定之後的其他證據，都證明我父親的性衝動愈來愈強。根據推測，應是近年逐漸增強，最後導致他對我母親犯下無可彌補的罪。

震驚不已的佛羅里安問我他能否看看那兩張和我有關的照片。他和我一樣，難以相信那是我。

我們驚愕不已、心情激動，就這樣過了幾分鐘。

現在，變成我也需要控告我父親。如此一來，就證明了我也是受害者。不可能坐視不管。這些照片更加證明了他喪心病狂的程度。

「您是否記得什麼事，多小的事都好？」

不知為何，我想起帕絲卡，她是媽媽最要好的朋友，但我們已經二十年沒見過她了。她們是在職場上認識的，那是八〇年代初的事。我母親大她十歲，把她視作自己的親妹妹，還選擇她當佛羅里安的乾媽。當年，她是我們家的一分子。帕絲卡參與了我們人生中許多重要時刻。她常來家裡，這裡就像她自己的家一樣。

然而，二〇〇〇年代初，她們鬧翻了，原因我搞不清楚。印象中，問題的核心是我父親。他不斷詆毀帕絲卡，想讓她遠離我母親。

那時，帕絲卡警告媽媽，說我父親的行為很不得體，說他接近她。

「你不知道自己和怎樣的人一起過日子。是時候看清真相了。你丈夫不是你以為的樣子。」

經過一番激烈的爭執之後，我母親要求帕絲卡離開她的辦公室。媽媽詢問我父親時，他矢口否認，甚至放話要去找帕絲卡算帳。發生這件事之後，她們兩人就再也不講話了。當時，父親的態度讓我很驚訝，我覺得他反應過度，帕絲卡明明絲毫沒有什麼好怪罪的。那時，我很疑惑。

媽媽對此很難過。親手將二十年的友誼畫下句點，是一項令人傷心的決定。最後，在我父親的煽動之下，她和帕絲卡徹底斷絕來往。

如今我深信，媽媽生命中這場重大的友誼破滅，是一種開端，顯示我父親當時已經在操控她了。

你曾為她帶來那麼多歡笑。你說個笑話，她就哈哈大笑。當時我心想，結婚這麼多年還能保有相同的幽默感是一種奇蹟。剛搬到馬贊城那幾年，你們好開心，無論什麼都能讓你們哄堂大笑。

我建議警官聯絡帕絲卡，然後重讀自己的陳述證詞，簽名。我們起身準備離去。我要自己理智一點。我制止自己去胡思亂想那兩張照片背後可能發生了什麼事。

我和佛羅里安走下樓梯。我們正在逃亡，把難以置信的事情拋在背後，彷彿這些事已被深鎖在警局裡面、不會出來影響我們的生活；彷彿只要我遠離那兩張照片，它們就會自動消失。

回程路上，我打給大衛。他崩潰了。

最令我震驚的是我在照片裡的姿勢。我非常肯定自己並非自然熟睡。我一向淺眠，隨便一點小動靜都能吵醒我。所以，我也被下藥了。

我母親人在客廳，面前的桌上攤著許多文件。她發現許多催繳的帳單，驚覺他們有財務問題。我父親把這些紙張全部隨手塞進塑膠文件袋。

我走進客廳時，她一臉淡然看著我，彷彿我只是散步回來。我不確定她能不能承受那兩張照片的事，但我必須告訴她。如我所料，她毫無反應。她就這樣站在我面前，眼神空洞。

「你真的確定那兩張照片裡的人是你嗎？」

她懷疑我。我啞口無言。那或許是潛意識的防衛機制，但她的反應讓我很受傷。佛羅里安走進客廳，用堅決的口吻表明照片裡的人確實是我。無庸置疑。他甚至認為自己認出了其中一張照片的拍攝地點：我們雙親舊公寓裡的一間房間。所以，拍攝時間遠比二〇一三年更早。

這時我懂了，媽媽拒絕面對現實。

我需要新鮮空氣、需要保羅。對我而言，保羅就是新鮮空氣。我走到屋外，打給我丈夫。

他氣壞了。他催我趕快找個律師。他已經打聽過，有一個律師顯然是最佳選擇。她是刑事訴訟的專家，是這類案件的知名悍將。撥電話給她時，我已經回到客廳，面對著我母親。她在這裡，但又不真的在這裡。她喃喃地說，對她而言，一切都發生得太快了。

律師接聽電話。她很快就提醒我藥物檢測和精神鑑定的重要性，對雙方都是如此。她立刻要我們別擔心費用問題。儘管律師費用高昂，但其中大部分的金額來源，將會是從審判結束後會收到的損害賠償當中抽成，至少對媽媽而言是如此。她告訴我們應該在寫給預審法官的文件中提到哪些內容。以我們目前驚愕的狀態而言，這些似乎都是很遙遠的事，但儘管如此，我已隱約看見我們將要面對的路。我們必須打一場漫長的仗，跑一場馬拉松般的賽事。我們每個人都得完成我們各自的訣別。我母親必須告別她的丈夫；而我們三個，則需告別父親。

「這類案件預審之後，至少要等三年才會正式開庭，」律師對我說，「很遺憾，司法的時間並不站在受害者這邊。」

這些術語將會成為我的日常。我原本以為自己的人生很簡單、很平凡，如今我卻被拋進司法訴訟的世界裡。

我還是什麼都吃不下。我只喝了一碗湯，就繼續搜尋我父親堆積在辦公桌抽屜裡的信件，並在其中發現一些違規停車罰單，可以看出他會在深夜臨時起意前往公路要道，這些催繳單都隨意塞進塑膠文件夾中。這些欠繳罰鍰代表什麼？卡龐特拉的行政法院為什麼傳喚他好幾次？我母親無法回答我這些問題。不只因為她很累，也因為從很久以前開始，她就把家裡的事全部交給丈夫去管。她甚至連買菜都不去了。我父親聲稱要讓她擺脫這份苦差事，他都自己一個人去採買。除了和好友希薇一同散步之外，我母親已完全沒有社交活動。我現在才知道，父親對母親的控制有多嚴重。

無論如何，根據她的說法，後來她根本不可能去管家裡的信件，因為他把收信看成攸關面子的事，堅持要自己做。郵差一經過，他就立刻去開信箱。

他甚至會故意讓我母親碰壁。她覺得自己被晾在一旁，最後便放棄了。

雖然我很疲憊，但是一想到要獨自睡在那間紫色房間裡，我就毛骨悚然。有多少性侵犯曾經進屋來強姦我母親？我很怕半夜會出現意外的訪客。佛羅里安答應在我房間打地鋪，睡在離我的床不遠處。

於此同時，湯姆和保羅晚上在家看足球，巴黎隊對馬賽隊。湯姆和我父親一向習慣在球賽開始前打電話給對方預測賽況。這次，我兒子只說了一句：

「爸爸，你跟外公說，我支持馬賽隊。」

保羅全身緊繃，球員進場的同時，他心中湧現一陣悲痛。他知道這樣的祖孫對話已成往事。他恨我父親剝奪了湯姆這份喜悅，湯姆一直很喜歡外公。於是，哄睡兒子之後，保羅決定傳最後一封簡訊給我父親。

保羅很清楚，我父親在牢房深處絕對不可能讀到這些文字。那又如何，保羅最後一次寫給他。

我寫這個訊息給你，你永遠不會讀到。
和你孫子一起看馬賽隊踢足球賽，一定會聽到他說：
「你跟外公說……」他每五分鐘就會說一次。
但我再也不能對他的外公說什麼了。我兒子也一樣。
你真可悲，做出那樣的事。
你真可悲，讓我兒子失去他最後僅存的外公。

我哭泣，我說，去你的。

我躺在床上，眼前反覆出現那兩張照片。清醒時，時間是凌晨五點四十二分，我忘記自己身在何方，只聽見佛羅里安的呼吸聲，他睡得很深，他離我很近。我害怕去上廁所，廁所在走廊另一頭，正對大門口。這房子變成一個危險的地方，走去廁所宛如穿越戰場，我緊盯手機的手電筒不放。

我用最快的速度奔回床上，縮進被單裡。很想繼續睡，但我所有的感官都處於警戒狀態。任何一點聲響我都豎耳傾聽。

真希望天快亮。

# 二〇二〇年十一月四日，星期三

兩小時後，餐具碰撞的聲音將我吵醒。時間是早上七點四十五分。媽媽坐在廚房裡，面前擺著一大碗黑咖啡。她盯著大門瞧，或許正等著我父親回來，等凌晨出門騎單車的他回家。在靜悄悄的廚房中，她坐在原本屬於我父親的、空蕩蕩的椅子對面，顯得如此瘦小。從前我來這裡時，早上經常看見他們面對面討論當天行程或評論時事。

我逕自在她對面坐下。她問我要不要喝咖啡。這是昨天重逢之後，我和她首度獨處。她顯然和我一樣沒睡多少。

她腦中也同樣充斥自己在警局看見的照片，她一絲不掛、不省人事。對她而言，那太不真實了。那些畫面純屬虛構，和她這麼多年來的婚姻生活毫無關聯。

媽媽對我講起她和我父親十一月二日被傳喚至警局的情景。當時警方已經掌握我父親的數位檔案，他因為在卡龐特拉城內的超市偷拍而被第一次傳喚之後，警方就扣押了他的數位器材。關於第一次傳喚，我父親告訴她的版本非常輕描淡寫，他只說有兩位女性（事實上是三位），也沒說他偷拍她們的裙底。那天他在廚房裡哭得涕泗縱橫，說他「出了一件大事」。我母親本來擔心他是要宣布自己得了重病，所以聽見他的自白之後，她幾乎鬆了一口氣。而且我父親信誓旦旦說他不知道自己怎麼了，說他是第一次做出這種事，說這只是一時心血來潮的瘋狂行徑。

多麼無恥、多麼可悲的一齣戲。

他甚至還若無其事地告訴她，他打算去看精神科醫師。事實上他別無選擇，這是他第一次被收押時的獲釋條件之一。

接下來他還說，他的帆船之旅無法成行了。他原本計畫和他哥哥與姪子出航一個月，這趟美好的假期他已期待許久。

這趟遠行原訂於二〇二〇年九月三十日出發，如今決定取消。我父親的藉口是船上龍蛇雜處讓他不舒服，還有他不在家的時間會太長，這樣可能對我母親不好。

事實上，他已經知道自己應該會被警方再度傳喚。而且他已被限制出境。

十月十三日，也就是這場虛情假意的戲碼之後將近一個月，卡龐特拉警局的警官打電話給我母親。

警官問她是否知曉丈夫九月中旬在勒克萊爾超市的賣場裡的行為，她給予肯定的答覆。接下來，警官巧妙地要求她十一月二日陪伴再度被傳喚的丈夫一同前往警局，而她遠遠無法想像自己將會面臨什麼。

媽媽起身再倒一杯咖啡給自己。她向我敘述她和我父親一同度過的最後時光。

十一月二日早上，我父親非常平靜，他冷靜得令人訝異。他們在七點左右同時起床，共進早餐，儘管他們並不知道那是最後一次共進早餐。我母親聊到她早已辭世的哥哥當天生日：

「如果米榭爾還在的話，今天他就滿六十九歲了。」

八點四十五分，他們一起出門。

我父親穿著他的墨綠色燈芯絨長褲，以及我和保羅送他的伊甸帕克（Eden Park）粉紅色休閒衫，再套上他的灰色運動衫厚外套。我母親告訴他，穿這樣很不體面。

「唉，你媽總是太在意細節。」你經常以不耐煩的態度這樣哀嘆，還帶著一點怨懟。我一直以為這是將近五十年婚姻生活引起的埋怨，絲毫沒想到這句話背後藏了多嚴重的輕蔑。你竟然怨恨女性到這個地步，你痛恨她們想要的東西，而你決定讓妻子為所有女性付出代價。

她說，前往警局的途中，我父親未曾流露一絲焦慮，只以平靜的神色駕駛。

將車停好之後，他踩著堅定的腳步走向警局。他深信他們只是來處理一些行政手續。

警官先要求我父親跟他走，以便進行會談。我父親站起身來，沒看我母親一眼。

他以為可以逃過法網。

過了一小時，媽媽看見警官獨自下樓。這次，他要她跟他走。她以為會見到我父親，但警官卻請她坐下。她不敢多問。警官詢問她一些關於兩個月前超市事件的問題，然後突然改變話題，問了一個讓她非常困惑的問題：

「女士，您會用怎樣的形容詞來描述您丈夫這個人？」

「我丈夫很熱情，很關心別人，隨時等著幫助別人。我們的親友都很喜歡他。我們認識那年，兩個人都十八歲，沒多久之後，就在一九七三年四月結婚了。我們有三個孩子、好幾個孫子。」

「您認為，這麼多年來，你們的感情一直這麼好嗎？」

「是的。有過難熬的時候，但我們總能度過難關。」

「你們在這一帶有朋友嗎？會互相邀約對方到家裡做客嗎？」

「我們二〇一三年三月搬到馬贊城。對，我們當然有朋友。我們會和朋友見面，邀對方共進午餐或晚餐，總之，我們的生活很普通。」

「您會小睡嗎？」

媽媽陷入混亂。而且，警察接下來問她早上睡醒時感覺如何、夫妻行房的頻率、會不會和別人交換性伴侶……「不會，太可怕了吧，我無法忍受其他人碰我，這事我需要感情基礎。」媽媽驚愕不已。她心想，警察是不是搞錯人了。

最後，警官拿出第一份文件。他的眼神充滿憐憫，極不自在。他說，這些畫面她不會喜歡。媽媽的胸口痛了起來，她拿出眼鏡。

第一張照片中的她看起來不省人事。她趴在床上，全裸，身後有一名深色肌膚的男子。另外三張照片都是相似的畫面，但每次都是不同的男人。那確實是她的房間、她的床、她的被單、她的床頭櫃、她房裡的燈。

那確實是她。但她一點記憶都沒有。

警官向她展示另一張照片，畫面是我父親蹲在一名全裸的女性前面，她顯然也不省人事，我母親不認識她。

接著，他提議我母親觀看一批錄影檔，她一臉蒼白地拒絕了。

警官決定告訴我母親，關於我父親對她下藥的事。他應該是在她的黑咖啡或酒杯當中，摻入安眠藥與抗焦慮劑的混合物。她有時會因此連續昏睡八小時以上。根據他們針對我父親所持數位檔案的分析，第一次性侵的日期應為二〇一三年九月——這些檔案包括數張SIM卡、一台攝影機、一台相機，以及一顆硬碟，裡面儲存超過兩萬份影像檔與錄影檔。調查小組目前已經查出五十三名性侵犯的身分，意思是實際人數比這更多。

「在多數人的想像當中，性侵通常發生在夜裡的停車場或暗巷，」警官如此說明，「然而，就大多數的性侵案而言，加害人經常是受害者認識的人——朋友、伴侶、同事、熟人……而藥物迷姦比一般人以為的更加猖獗，並非僅限於派對飲料中的藥丸。藥物迷姦也可能發生於伴侶之間。」

媽媽聽得似懂非懂。她心碎了。現在，她必須控告她丈夫，並接受心理醫生的緊急處置。

終於回到家裡時，媽媽發現屋內天翻地覆。這天上午，警方再度進屋搜索住處，以取得更多物證。他們帶走了她丈夫的備用電腦，這是他等候警方歸還舊電腦的時候購入的新電腦。抽屜和衣櫃都被翻過，一切都亂了順序。才剛承受重重一擊、沉默不語的我母親，動手將屋內的東西物歸原位。

她清洗、晾曬、熨燙我父親的衣服，幫他準備了一袋換洗衣物，準備之後拿去警局給他。像一台機器人執行任務。她的身體正常運作，大腦則否。以心理治療的術語來說，這樣的反應稱為解離：親身經歷的經驗被隔絕開來，好讓當事人更能面對創傷。這是一種心理防衛機制。

媽媽說完的時候，我已喝到第五杯咖啡。接下來的事我已經知道了。大衛和佛羅里安進廚房找我們。

我們決定清理一切。我負責整理辦公桌的抽屜。我父母的財務狀況看來是一場災難。

一些信件顯示他們負債金額龐大。看來，還有很多出人意料的未知，在前方等著我們。

大衛和佛羅里安負責清空房間。我們的目標是在十一月五日星期四傍晚之前搬離這裡。我們沒有人想在這地方睡第三晚。媽媽並不打算保留太多屬於**從前**人生的事物。我們拍攝了大多數家具的照片，上傳二手拍賣網站。我們裝滿一大袋又一大袋的垃圾，運到廢棄物處理場。儘管瘋狂丟棄大量物件，我們還是保留了幾個紙箱，裡面裝滿屬於從前的紀念品。

二〇〇七年七月七日，你們再婚時的婚禮照片。當初你們是為了財務問題離婚……你穿著淺灰色的西裝，面帶微笑，緊緊摟著媽媽。你看起來像是不會鑄下大錯的人。像個健全良好的人。

我從牆上取下他的畫作。這些圖，全都是他們搬到這裡之後畫的。首先是那幅裸女，我拿起這幅畫，走到屋外，砸碎它、砸在屋外椅子的椅背上，徹底毀滅它。

畫作裂成兩半，其中一半翻了過來。畫的背面，是黑色的鉛筆字。這幅畫作的名稱是「支配」，繪於二〇一六年八月。

這一夜，我不曾闔眼。

今天，我父親被轉至亞維儂法院刑事科，法官於當日審理。接著他直接被關進一間位於勒蓬泰的監獄，在一棟專門收容性犯罪罪犯的囚舍。我必須習慣將「我父親」與「性罪犯」這兩個詞連在一起。我想著那兩張照片。他對我下手到什麼程度？

## 二〇二〇年十一月五日，星期四

我全身緊繃。背痛依舊絲毫未減。大衛與佛羅里安已經出門去廢棄物處理場了。這是我們在這裡的最後一天。今天還有很多事要做，然後我們會搭火車回巴黎，媽媽會跟我們一起走。

朋友安妮打電話給我，想知道我還好嗎。她建議我盡快諮詢心理醫生，並推薦我一位專研這類創傷的臨床醫師。我走到屋外，致電這位醫生。

我先是向她述說我父親對我母親做的事，下藥，性侵，謊言，種種操控。然後講到我那兩張照片。

她沉默一陣。這是我首度將這三天盤據我全副心思、讓我發狂的這些焦慮全都化諸言語，這樣做之後，我才真正意識到自己正在經歷的，是怎樣的暴力與荒誕。

結束通話前，這位心理醫師告訴我她的價位，給了我致命一擊。

發現自己坐在小桑樹的樹根上時，我已結束通話好幾分鐘。我無法起身。

我聽見大門開啟的聲音。大衛和佛羅里安從廢棄物處理場回來了，他們剛跑完最後一趟。佛羅里安朝我走過來。

我開始痛哭：

「我一定是被下藥了。那兩張照片的我，睡得很不自然。那麼強的光線，不可能不干擾我。而且，我知道我不會穿這樣睡覺，睡著時也不會擺這種姿勢，而兩張照片都是這個姿勢，不差一毫釐。還有那條內褲是怎麼回事？兩張照片都出現同一條內褲，怎麼可能會這樣？明明是在兩個不同地方拍的，拍攝的時期完全不一樣。」

佛羅里安發現我正處於恐慌症發作的狀態。但已經太遲了，我心中的生存機制已陷入錯亂。他們將我扛進廚房，讓我在瓷磚地上維持安全側躺動作。我不停顫抖，渾身是汗。我母親看著我，她嚇壞了。佛羅里安對我說話，但我已聽不見他的聲音。視線變得模糊。突然之間，聲音沒了、畫面也沒了。

恢復意識時，眼前是消防隊員。量脈搏、喝一杯糖水。一名年輕的棕髮女子柔聲對我說話。我求她幫幫我。我想逃走。

維持坐姿好幾分鐘之後，我才理解，他們打算讓我服用鎮靜劑——為了服用鎮靜劑，我必須前往卡龐特拉城的急救中心。

大衛出面干預。如果我搭上這台紅色救護車的話，那我今晚絕不可能和他們一起走。這房子絕不能再多待一天。太難受、太沉重、太痛苦。唯一的替代方案，是在馬贊這邊緊急找個醫生求助。四十五分鐘後，大衛和佛羅里安陪我踏進村裡的診療所。幾分鐘過後，一顆小藥丸使我陷入無重力狀態。回到屋子裡，昔日的家屋幾乎已是空殼。是時候離去了。關上大門時，媽媽的臉痙攣起來。她保留的東西很少。

你還記得嗎，你和媽媽在家裡一同慶祝兩人五十歲生日的那場宴會？

那夜，我們歡聚一堂，你們的孩子、你們的親友，精緻的外燴佳餚、美酒，你熱愛的歌曲一首接一首，我們全都隨著音樂起舞，媽媽摟著你的脖子。

當你致詞時，你是如此體貼入微地向她致謝，你說她是「我最美的邂逅、我的一切」，你謝謝她帶給你這麼多年的幸福。最後，你如此作結：

「感謝人生。」

當天晚上，我們從亞維儂車站啟程離去。

回到家時，保羅已經打點好所有事，客房已為媽媽準備妥當。他甚至還布置了一束漂亮的花。湯姆畫了一幅漂亮的彩圖歡迎外婆，擺在書架上很顯眼。

保羅向我們宣布，他已經找到適合媽媽的心理醫生，週六早上，媽媽就可以去找她求診。這是本星期的第一個好消息。今晚，我希望能夠闔眼至少兩小時。

## 二〇二〇年十一月六日，星期五

早上醒來時，我失聲了。我的嗓音完全消失，一如我從前的人生。

吃早餐時，我提到我們從馬贊城帶回來的檔案夾，裡面有銀行對帳單和貸款資料。我用超過一個半小時來查看這一大批信件，好印證種種資訊。沒多久，我就看出狀況有多嚴重。

應付帳款加總起來是一個天文數字。媽媽沒辦法告訴我他們到底還款還到哪裡——「都是他在負責處理。」她反覆地說。我失去冷靜。

「你怎麼能在這方面信任他？明知他的財務管理一向很糟糕？如果這方面他很在行的話，那我們早就知道了！你們度過的難關還不夠嗎！」

我母親沒有回答。看來她似乎無法理解，這個財務狀況將會大幅影響她的生活水準。

打了幾通電話給銀行之後，我的恐懼得到證實。他們簽了不少鉅額貸款，幾乎全部都以媽媽的名字登記。

好幾份催繳證明對他們不利，卡龐特拉城的執達員事務所近期一份判決通知書表示，他們每年應繳的滯納金高達百分之十四，而這份於二〇〇九年借貸的貸款本金款項驚人。他們的負債金額累計起來令人目瞪口呆。難以置信！

當我母親向我保證她會負責、會把一切處理好的時候，我再度失去冷靜。我好想叫她醒醒。愈是深入了解我雙親的生活，我就愈發現我父親對她的控制有多嚴重，而她毫不發牢騷。深深的疲憊感將我淹沒。我躺了下來。這場夢魘會有止息的一日嗎？

幾小時就這樣流逝。睡醒時，我的太陽穴很痛，花了超過十五分鐘才終於爬起來。

媽媽剛散步回來。太陽西斜，她看起來放鬆多了。我很懊悔剛才責罵她。我告訴自己，今後我會好好對待她。這時，保羅朝我頷首，示意我悄悄跟他進廚房。我又緊繃起來。

又怎麼了？

保羅指著他的電腦螢幕，我感覺他很煩躁。

「你瞧。」

新聞網站「十七」（Actu17），昨天的文章：「卡龐特拉城：他用藥迷昏妻子，邀請陌生人深夜來強姦她，並且錄下過程。」

我母親發現這篇報導之後，哭倒在保羅懷裡。他將她帶到沙發上。這下子，是我覺得無力。其他媒體很快就會爭相報導。保羅很清楚這一點，他是這一行的。地方新聞的網站也會緊咬不放。現在必須打給大衛和佛羅里安，讓他們做好心理準備。我們嚇壞了。

「真是可恥！」佛羅里安大嚷。

我們三人都深受打擊。

我父親究竟是怎樣的人？那個曾經這麼疼我的人到哪去了？那個送我上學、始終在各方面鼓勵我，無論是在課業、體育、種種計畫以及職涯選擇方面，都始終支持我的人到哪去了？

那個非常照顧孫子、會陪他們玩，看似對家庭生活心滿意足的人？人怎麼有辦法過著雙面人的生活，欺騙所有人這麼多年？

保羅走過來。我打他一巴掌，這是我第一次打他。我完全失控。母親要我克制自己。沒用。精神官能症爆發之後，我開始抽搐。我大聲求救。後來，保羅說這場歇斯底里發作讓他非常害怕。過沒多久，救護車來了。我瞥見鄰居從她家大門探頭出來，她對我說話，但我聽不到。我已置身遠方。

我們抵達醫院。我在擔架上面度過半個夜晚，然後住進病房，醫護人員來看過我兩次。如果當時，我走出卡龐特拉警局的時候，就能得到醫療支援的話，那該有多好……如果我能有治療師陪伴，而不是被丟進孤立無援的狀態，只能自己面對自己的話……那我一定不會落入這間醫院。司法體系何時才能在提出告訴之後支援並保護受害者？他們怎麼能讓這些受到創傷的人獨自回家，彷彿沒事一樣，尤其事關這類案件？為什麼高層的人從未想過，提告結束、離開警局之後，司法體系與醫療體系應該一同伸出援手？

# 二〇二〇年十一月七日，星期六

我在精神科急診部。一名護理師問我昨天崩潰的原因是什麼。我臉上寫著千愁萬緒，眼睛哭得紅腫，氣若游絲，用顫抖的聲音回答她：我要回家。

「看急診，沒問題。但是精神科急診，絕不。」

「我了解。但在那之前，您先告訴我，您被送到這裡，是什麼事引起的？」

我全盤托出。她坐在椅子上壓抑激動之情。我聽見自己對她說：

「沒錯，這種事只會發生在電影裡。」

談話使我的痛苦加劇。我再也止不住眼淚。我真的好想回家。護士提到情緒衝擊引起的效應，她禁止我在這個狀態之下回家。我必須先諮詢一名精神科醫師。她陪我走進病房，將電話遞給我。保羅接聽了。

「卡洛，這場發作是一個警訊，這只是開始而已。必須找人幫助你。你得調適自己、好好休息。」

兩位醫生走進來，建議我先服用一顆「鬆弛劑」，好讓診療更容易進行。

吞下藥丸幾分鐘後，我的身體整個放鬆。對醫生敘述整件事的同時，我感覺四肢變得無比沉重。無意間，我的身子往左側傾斜，就像那兩張有我的照片一樣。太尷尬了。我為自己的姿勢道歉，但我無法起身。醫生們向我說明，以我目前異常疲倦的狀態而言，應該繼續住院至少一晚。這些話我都聽得到，也聽得懂，但我的視線範圍變窄了。媽媽被下藥時的感受也是這樣嗎？

清醒時，我愈來愈憂慮。剛才的情形，就是藥物操控，這樣還算是輕微的。我完全沒辦法判斷自己身在何處，也不知道現在幾點。我沒有手機也沒有手表。

舌頭黏糊糊的。試著整理思緒，卻頭昏腦脹。護士走進房間，她告訴我，剛才我服用的是強效精神安定劑，這樣我才能徹底放鬆並休息。後來我才曉得，這款藥物通常用來治療某類型的思覺失調症。

「您現在的狀態很脆弱，您情緒太激動、太讓人擔心，不能就這樣回家。請您留在我們這裡，至少再待一晚。明天早上，您會和值班醫生共同討論後續。」護士對我說。

千萬不要。如果再不逃出陷阱，我父親就會現身，他會觀察我、摸我，彷彿我是他擁有的東西，他會拍照，然後，誰知道呢，說不定他會找別的男人過來。千萬不要。我試著起身，但我已落入圈套，像被囚禁在自己的身體裡。我想見我丈夫。「我已經聯絡他了，」護士說，「他會帶一些您過夜需要的物品過來。現在我們要將您抬上輪椅，讓您換間病房。」電梯像鋼鐵製造的籠子。穿越這幢四壁慘白的偌大建築物，著實恐怖。我聽見尖叫聲。哭聲。呻吟聲。腦中播放的畫面，是傑克．尼克遜（Jack Nicholson）主演的電影《飛越杜鵑窩》（*Vol au-dessus d'un nid de coucou*）。但我並非置身電影之中。

終於進入病房時，我肚子很痛，淚水一路流淌到頸部。他們要我把擱在黃色枕頭上的白色罩袍套在身上。保羅奇蹟般出現在門邊。愛像電流貫穿全身，我想飛奔到他懷裡，想大嚷他的名字，但我動彈不得，喉嚨被擰得緊緊的。他拿出我的盥洗包、一件睡衣，以及換洗衣物。他試著安撫我。

「卡洛，這些東西只是用來過一晚而已。我很擔心你。我從沒見過你這麼需要幫助。」

送來的餐點是真空包裝食品。連湯都散發噁心的臭味，我喝不下去，只能喝水。

晚班護士遞給我三顆不同顏色的藥丸，要我立刻服用。我很怕吞下這三顆藥。

我決定只吞一顆。保羅看著我陷入人工製造的睡眠。他吻了我，說他愛我，然後靜悄悄離開病房。

我想著母親。她沒來探望我。

凌晨兩點左右，我醒來，但意識模糊，藥效還沒退。我看見房外的光線。

口渴得不得了。我按下呼叫鈴，但它沒響。我舉步維艱走到門前。走廊盡頭有一名矮矮壯壯的棕髮男子，他朝我走來，手上拿著手電筒和一串鑰匙。

「您這個時間站在這裡做什麼？」

「我想喝水。」

雞同鴨講五分鐘之後，他罵我是瘋女人，把我推回房間裡，並粗暴地關上房門。這男人不像護理師，比較像獄卒。所以，我被囚禁在瘋人院。我必須逃出這裡。事關我的精神健康。沒錯。

# 二〇二〇年十一月八日，星期日

一大清早，我就聽見門後傳來哭聲，音量愈來愈大，是一名女子因絕望而尖叫。她的哀號持續了一小時以上，我聽不懂她使用的語言。她的金屬床頭不斷撞擊牆壁。我通知了護理師。

「我們必須等醫生來了之後，才能讓她入睡。但您放心，她已經被綁在床上了。」

我很憤怒。他們怎麼能把人折磨到這個地步？綁在床上？已經拿回手機的我苦苦哀求保羅過來接我回家。他提醒我，我必須先說服值班醫生。

接近中午時，來見我的醫生是一名女性。她低聲說話，帶著訊問的眼光。她審視我的動作與姿勢，測驗我的口語表達能力。我有自殺念頭嗎？離開醫院之後，我打算怎麼計畫下一步？

「我想出院。我會尋求援助，但不是像現在這樣。」

於是她提議開一些藥給我吃。對我來說，門都沒有，我絕對不會吞這些藥丸。我向她解釋，我之所以被送到這裡，就是因為藥物操控直接導致的創傷。我不想被藥物控制。

毀掉我們人生的，正是藥物。醫生很堅持，她給我的處方箋包括安眠藥與抗憂鬱劑，她建議我在住處附近緊急找一名精神科醫師回診。我不打算討價還價。我答應了。我唯一的目標，是離開這裡。

再度獨處時，我決定打電話給我的表姊妹，她是家醫，住在外省。她知道我們的事。

「卡洛，你知道我有多愛你嗎？你正在經歷一場恐怖的衝擊，你已經在極端的精神崩潰狀態當中苦撐好幾天，現在你不該再對自己這麼嚴厲了。你需要一支小小的拐杖撐扶，相信我。」

她知道我怕的是什麼，所以提議開給我一份絕對不會成癮的處方箋。此外，當我情緒開始緊張時，我得服用抗組織胺藥來讓自己放鬆。她向我解釋，遭遇像這樣的創傷之後，最初幾天，必須調適情緒與障礙。

我完全信任她。我愛她像愛自己的親姊妹一樣，所以我專心傾聽，並向她提及精神科醫師開給我的安眠藥。

她建議我今晚至少吃一顆。我決定了——目前負責控管我治療情形的人，是我的表姊妹，至少在這最初階段是如此。那麼沒這麼幸運的女性該怎麼辦呢？原本應該在司法訴訟發生時幫助受害者的醫療單位，卻如此多災多難，如此一來，受害者不就絲毫不敢期望康復了嗎？

接著我打給孩提時期至今的好友瑪西雍。我需要聽見她的聲音，她也是。保羅早已告訴她我被迫住院的事。接通之後，她慰問媽媽和我的話語撫慰了我。我們同時哭出聲來，一起哭了二十分鐘左右。然後我請她把這件事告訴我的好友們，因為我沒有勇氣自己講。我也沒有足夠的力氣去告訴另外兩個孩提時代好友。打從三十多年前起，我就不能沒有她們。

保羅踏進病房時，我已經準備好了。我坐在床上，雙眼直盯窗戶，心裡想著媽媽。她為什麼沒來看我？她在哪裡？

「她搬到佛羅里安家了。昨天下午搬走的。她和她的心理醫生都認為，你們兩個被影響的程度都太嚴重，目前暫時不該一起生活。」

這決定深深傷害了我。我覺得自己被遺棄了。回家之後，我不會看見我母親。眼睛好痛，淚水又流了下來。

終於，我回家了。我急著想見湯姆，但他正在朋友家裡玩耍。保羅打算讓湯姆今晚在他同事家裡過夜。我必須能夠毫無掛慮地好好睡一覺。

沖澡時，我還聞得到醫院床單的消毒水味。

我見到湯姆，我們一起去透透氣，散個步、吹吹風。那幾分鐘，我稍稍卸下重擔。散步的時候，湯姆一個問題都沒問。他知道我從醫院回來。他對我說，他好希望外婆留在我們家，他已經開始想她了。我也是！

我強迫自己不要流露任何情緒。不顯露悲傷或怨懟。什麼都不說、什麼都不評論。剩下的午後時光，我都和湯姆黏在一起。我讀故事給他聽、幫他洗澡，一家三口共進晚餐，儘管我一點胃口都沒有。然後保羅再度把湯姆送到他朋友家。

他們出門後，焦慮再度來襲。

我意識到保羅晚上必須出門工作，他的上班時段無法更改。我會一個人在家。現在輪到我和母親一樣，再度變回一個孩子。

晚上九點，我吞下一碇安眠藥。一點作用都沒有。我還是一樣緊繃，一樣恐懼自己即將淪為獵物任憑宰割，而藥物一直沒發揮作用。晚上十一點半，保羅就寢時，我仍未入睡。他覺得我很躁動。他和我一樣憂慮，但他擔心的是別的事。他怕我自殺。

你帶給我一種全新的恐懼，獨自入睡的恐懼。你偷走我無憂無慮的睡眠。我曾經擁有平靜，卻被你摧毀了。

凌晨一點左右，我再吞一顆藥丸。藥效來得很遲，但最後我終於陷入昏睡。凌晨兩點，我隱約聽見保羅起身準備出門。

凌晨三點十八分，保羅在上班途中傳了第一通簡訊給我的好友瑪西雍：「求救。請回電。請你盡快趕來。」然後第二通簡訊，時間是早上六點三十四分：「卡洛非常焦慮，安眠藥沒有起作用，看來似乎對她無效。我也很焦慮。一想到她獨自在家而我在公司，我就覺得痛苦。我內心充滿罪惡感，我不敢去想像她現在睡不著，但我又不能半夜拋下已經答應的工作……如果你打給她卻轉接語音信箱的話，別擔心，她把手機調成飛航模式了。我有在床頭櫃上留一張紙條，叫她如果不舒服的話，就馬上打給我。」

凌晨四點左右，我醒來，全身大汗。彷彿我的身體排掉了之前在醫院吞嚥的所有液體。再度因為自己一個人睡而驚恐不已。我幾乎害怕我自己。害怕自己的感覺。害怕那些隨時可能襲來的畫面。

我試著要自己冷靜。

直到清晨六點，看見白日的第一道微光時，我才終於入睡。

# 二〇二〇年十一月九日，星期一

早上九點，我睜開雙眼。才剛起床，我就想哭。咖啡一杯接一杯。十點左右，為了找點事做，我做了一點家事。至少，這無關緊要的雜務能使我的肉體和心靈保持忙碌。

在這期間，我的腦袋完全停擺。我甚至沒聽見保羅進門的聲音。也沒聽見瑪西雍按門鈴。她衝進我正在清掃的客房，我被她嚇了一跳，然後哭倒在她懷裡。看我如此岌岌可危，她提議來我家住。這樣我就無須恐懼，可以安然入睡。

這是她陪我度過的第一天，和先前的日子相較，這天平靜多了。儘管如此，我還是很想媽媽。

此外，這天上午，表姊妹打來通知我：媽媽的驗血報告，愛滋和C型肝炎都是陰性。

不過，媽媽不幸感染了四種性病，當中包括可能引發子宮頸癌的人類乳突病毒。因此，她必須做年度抹片檢查。想到媽媽過去十年間被性侵超過一百次，這已經不是最壞的結果。最後一次性侵是在二〇二〇年十月二十二日，這個日期的三個月後、六個月後，都需要各再檢查一次，之後才能徹底安心。

表姊妹決定讓我母親服用抗生素，並安排她就近諮詢婦科醫生。必須等到十二月十九日，位於凡爾賽的指定責任醫療機構才有檔期為她做一系列的檢查。檢查報告將會納入她的全套婦科檢查與醫療檢驗報告。

夏日清晨，你總是很早就叫我起床。我們一起出門，在沃克呂茲省的鄉間道路騎單車。上坡的時候，我聽見你的聲音。「別放棄，女兒，加把勁！加油！」騎到貝端（Bédoin）和馬洛塞納（Malaucène）之間的瑪德蓮山坳（col de la Madeleine）時，你如此歡喜，而我終於跟上你，在你身旁停下來。一片寂靜當中，我們一同凝視這片壯麗的風景。

接下來這段日子，瑪西雍悉心照料我。儘管如此，能夠花時間好好煮一頓飯、慢跑、閱讀、看電影、聽音樂而不掉一滴淚，那都已經是**從前**的事了。從前那個卡洛琳，曾是她父親的女兒。

早上，我堅持送湯姆上學。我知道我必須和他談談。

我自己受害於最糟糕的謊言，絕不能讓我兒子重蹈覆轍。我堅持要讓他知道，他外公現在人在哪裡。不管怎樣，他遲早會知道。大他沒幾歲的表哥們都已聽聞此事，不如及早做好準備。

# 二〇二〇年十一月十一日，星期三

今天是假日，一戰停戰紀念日，對於非常重視生命中種種徵兆的我而言，這日期是如此諷刺。我的人生是一片戰場，但是一直以來對我最重要的兩個人，我的雙親，都已成為逃兵。

我們坐在客廳沙發上。湯姆已經準備好要聽我說話，兩顆圓滾滾的褐色眼睛直盯著我。他將雙手交疊在膝蓋上，乖乖等我開口。

「你知道，自從我們和外婆一起回來之後，情況就很複雜。你或許已經注意到，因為外公的關係，我從幾天前開始就很難過，我會努力好起來。但是呢，外公做了很嚴重的事。湯姆，外公說謊，而且傷害了你的外婆。」

「傷害了外婆，這是什麼意思？」

「他應該尊重外婆，但他沒有尊重她，他也沒有遵守法律。如果對別人做出壞事，就會被懲罰。」

「但是媽媽，我從來沒看到外公對外婆做壞事，而且他也沒對別人做過壞事！」

「我知道。湯姆，我也沒看過。但是呢，外公就是因為這樣，所以他現在被關在監獄裡。」

「監獄，那是什麼地方？」

「那是一棟很大、很悲傷的房子，有好幾層樓高，有很多小小的房間，只有一個窗戶，沒有花園。監獄的門都是關起來的。」

「我可以去監獄看外公嗎？或是寄圖畫給他？」

「不行。」

「但是，如果你再也不能看到你爸爸的話，你會想他，那你怎麼辦？」

「現在我對他很失望、很生他的氣。我不想聽見他的消息。這樣或許比較好。」

湯姆臉上浮現困惑的神色，摻雜著不安、憂傷與怨懟。內心一陣激動，但我忍住沒哭出來。他終於抬頭。

「媽媽，我需要一個人靜一靜。我要去我房間想一想。」

我尊重他希望獨處的意願，尊重了幾分鐘——彷彿無止無休的幾分鐘，然後去他房裡找他。湯姆躺在他的床上，盈滿淚水的雙眼直視天花板。他默默哭泣，像大人一樣。

我對父親的怨懟又更深一層，怨他害湯姆遭受這一切。這時我領悟到，一個家族的平衡遭受迎面一擊時，損毀的不只是直接受害者，還包括整個體系中，宛如星體在四周運轉的所有人。

「媽媽，我不懂。我從沒看過外公做壞事，也沒看過他對外婆不好。這件事一定有什麼問題。」湯姆用顫抖的聲音哭泣。

我向他提議，要他和醫生談談，一個懂得傾聽兒童的醫生。

我不會讓你把你的喪心病狂傳給下一代。我會阻止你摧毀他。我會保護我兒子不被你污染。不，犯罪不會遺傳。我想到我哥和我弟，兩位男性，你原本應該是他們無可取代的榜樣。你犧牲了我們所有人，玷汙了我們。我恨你。

至於你，你太弱了，你吸收了有毒的家族土壤。看看你自己的父親丹尼，他很霸道、很高大、很強勢。他的雙手很大，很可怕。他總穿著牛仔褲、皮外套，耳朵有個耳骨環。我以他為恥。和他認真講話是不可能的事。對的人永遠是他，他總強迫別人接受他的觀點，他從不懷疑自己。他瞧不起女人，經常貶低她們。對他而言，女人智力有限，她們的才能頂多只能用來做家事。「還有被強姦。」或許你會這樣補充道。

我十歲那年，你父親針對我的膝蓋，說了一些不中聽的話。他認為我的膝蓋很醜。但是，讓我感到不舒服的，並不是他說的話，而是他看我膝蓋的眼神。

既然我正在挖掘家族最底層的深處——你母親過世幾個月之後，你那心術不正的父親做了什麼呢？他的新女友，是他和你母親一起養大的一個孩子，露西兒。他和一個無防備能力之人建立的不當關係，可以算是亂倫。

你父親傳承給你的，真的是最壞的一部分。

露西兒比丹尼年輕三十歲。她是公共衛生事務部轉介的孩子，年紀很小就被我祖父母收養。她幼兒時期曾被虐待，缺乏情感關懷，或許這是導致她弱智的原因之一。

我祖母下葬之後，丹尼就和露西兒交往。她獨自一人扛下家務。她很少出門，頂多是每週去村裡的圖書館還書，或是去菸草店購買丹尼的藍高盧菸。

丹尼的所有孩子包括我父親，都不贊成這樣的關係。但他們還是尊重他們的母親在病床上的遺言，她要求孩子們支持丹尼，她愛丹尼愛得毫無保留。關於操控，我父親學得很好。

於是我父親接受了他們的關係。他漸漸和丹尼拉開距離，最後不再見他。和我一樣。往事正在重演：我父親和他父親斷絕往來；我和我父親斷絕往來。

而在他們斷絕往來之前，我七歲到十一歲這段期間，我雙親會把我送去位在安德爾河畔沙蒂隆（Châtillon-sur-Indre）的丹尼家過暑假，我住在祖父家裡，而他的女友是他養女……

我記得露西兒，她總是穿著打掃服，雖然才二十五歲，卻已老態龍鍾。她幾乎不會寫字。電視或收音機她都無權自行轉台，要丹尼同意才可以。她摺疊衣物、收拾碗盤、清掃家裡。大衛會在餐桌上偷偷模仿她、滑稽地仿效她小心翼翼清潔前一天才剛清潔過的家具的模樣。但露西兒其實深深打動我。她活在很遠的地方，活在她自己的小世界裡，離和她同齡的年輕人遠遠的。她是一名囚犯，受制於成為她伴侶的繼父。她會坐在花園的吊椅上休息，眼神空洞，大把大把拔頭髮——後來，我才知道什麼是拔毛癖。

我從沒搞懂，為何父母當時會把我送去那邊過暑假，好險有大衛和我一起，他是我的堡壘。約莫在我十一歲那年，我母親終於問我想不想繼續去那邊度過幾週暑假，而我說不。丹尼於二〇〇四年過世，我從未想念他。

得知露西兒住進精神病院那年，我四十歲。她之前已經精神錯亂並崩潰好幾次。童年回憶像迴力鏢重返眼前。浮現眼前的場景，是丹尼的米色雪鐵龍車內，丹尼堅持要教露西兒開車。還是小孩的我坐在後座，親眼見證露西兒如何被羞辱，他既粗暴又尖酸刻薄，最後以露西兒的哭聲收場。而我不斷自問，為何我父母繼續將我們送去那邊過暑假。還有，為何他們就這樣放任不管，從未試圖將露西兒從這個有害的環境中拯救出來。

很長一段時間，我曾經天真地以為，這不幸的家族遺傳沒有影響到你。真相其實更簡單。你從來不敢勇敢面對自己的父親。你很懦弱、很自私。如果你有那份勇氣的話，媽媽就不會被犧牲了。我們的家庭也是。

接下來的日子很難熬。我覺得自己被關在家裡。但我既非陷入抑鬱，也不覺得自己有罪。我只是很無力。我尤其不想變成一個被排除在外的母親。我希望湯姆眼中的我很有尊嚴、很強大，士氣高昂。

我希望他仍舊能夠以自己的父母為傲。

## 二〇二〇年十一月十八日，星期三

我已經休了兩週病假，無所事事對我毫無益處。幸好，我選擇透過書寫來釋放自己。我把所有心情都寫進筆記本，藉此拉開距離。書寫是我的救生圈，是讓我得以克服這道創傷的療法。

如今，是時候重返職場了。如此一來，我至少不會再一直想著父親的事。不管怎樣，反正在預審結束之前，我是不會有答案的。我得知父親被審問，罪名是重大情形之下的性侵、集體性侵、餵食有害物質、竊錄他人私生活、錄製或傳播他人之猥褻影像。目前警方正在追查超過六十名性侵犯的身分，打算趁早前往他們的住處質問。

既然如此，我又何必再拿這件事折磨自己？該審判的時候就會審判，雖然大概要等到二〇二四年。到了那一天，我會準備好勇敢面對他。不只他，還有每一個侵犯媽媽的加害人。到了那個時候，她一定也會比現在更堅強。

我希望能夠認為，即使是六十八歲，依舊能夠擁有無限的可能性。我很想她。

# 二〇二〇年十一月二十三日，星期一

回到公司座位上，我很快樂。我重生了！關於我的私人問題，我隻字未提。再度見到工作團隊的夥伴們，我細細品味與他們相處的時光。我感覺自己在這裡有一席之地，那令人活力充沛。

這天，我的主管提議我換個崗位，迎接完全不同的挑戰。對於正在追尋新事物的我而言，這是可遇不可求的良機。我真的鬆了一口氣——我還能感覺自己渴望重新振作！直到我突然領悟，儘管萬分不情願，這份活力是傳承自我父親。我見過他多次在失敗之後重新奮鬥，發起新的計畫、訂立新的目標，重新出發。

## 二〇二〇年十一月二十四日，星期二

當我在下午六點宵禁[3]之前離開辦公室時，我以自己為傲。這天的工作很順利，許多點子與計畫在我腦中激盪。我的精神狀態已經復原了。保羅看見我這樣，一定會很開心。

我在車裡打給媽媽，和她分享我的好心情。但這心情卻被她的一句話狠狠戳破。

「你爸爸在裡面狀況很糟。他很痛苦。你知道，過去這些年，我大概忽略了什麼事。」

我很希望我聽錯了。但沒有。我告訴自己：好的，她同情劊子手。斯德哥爾摩症候群。我的惱怒顯而易見。媽媽掛斷電話。

回家時，我有不好的預感。我隨即告訴保羅，而他說大衛打電話告訴他：我父親從位於勒蓬泰的監獄寄了一封信給媽媽的朋友希薇和她丈夫。這封信是由我父親的獄友轉寄的，也就是透過非法途徑寄送。簡而言之，就是我父親規避體制來接觸他的受害人——他太太。媽媽今早看見這封信，她和佛羅里安都很激動，因為「他在信中要求我們不要遺棄他，並給他物質上的援助」，大衛告訴我。

憤怒將我滅頂。他們的天真程度著實駭人。他們顯然還不明白，我們要面對的是怎樣的人。剛才我和母親講電話時，為什麼她隻字不提這封信？她究竟想保護誰？且讓我回顧一下，我母親知道有兩張拍攝我裸露的照片，而

3 譯註：這是當時為了遏止新冠疫情繼續蔓延而實施的政策。

她並未對我表示太多支持；她沒去精神科醫院陪伴我，現在又對我隱藏這封信的存在。我不得不認為，她是站在她的色情狂丈夫那邊。由於我父親的緣故，我正漸漸失去我母親。

我失去控制。我深信父親的目的並非求援，而是試圖再度操控他的家人。最後他總是有辦法成功。他仍舊有辦法掌控我們，儘管人在遠方、就算身陷囹圄。媽媽和佛羅里安輕易上當，他們因此痛苦；我和大衛則漠然以對。

我憤怒不已，打給母親。她開啟擴音，讓佛羅里安也能聽見。

「卡洛琳，我們原本已經講好，見到律師之前都要把你管好。顯然大衛沒有遵守約定。」

「什麼約定？你在講什麼？那封信你打算怎麼處理？」

「我什麼都不會做，那封信不是寄給我的。收件人是希薇。」她冷冷回道。

但媽媽試著忍住淚水。我對父親的憎惡因此增加十倍。他現在仍舊以他的玩偶取樂。

我父親只用一封信，就改變了她的立場。他現在還在操控她，這一點媽媽非得明白不可。她回我說，她已經夠大了，可以自己思考。我無法控制自己，我的態度變得充滿攻擊性。

當我請她將信的內容告訴我時，她拒絕了。

我直接掛斷電話。這段新插曲像一場地震。我很怨佛羅里安明明在她身邊，卻不多勸勸她。當我要他們將那封信傳給我，好讓我轉寄給我們的律師時，他們兩人都支支吾吾。

既然如此，我索性直接打給希薇。我向她解釋這封信為什麼非得納入訴訟文件不可。這是他試圖操控對方的證明，必須交給預審法官。而且這封信完全是違法的，因為並未透過監獄管理單位傳遞。希薇終於理解事情的嚴重性，她用電子郵件傳給我這封信的複本。讀信時，我憤怒到了極點。他這個人的性格當中最狡猾的每一面，全都攤在我眼前。我彷彿第一次認識這樣的他。

他擺出受害者的姿態，央求寬恕，而且當然還乞求金援。我啞口無言。

這封信全文如下：

朋友們，我知道你們對我很失望，但你們是我聯絡外界的唯一管道，因為我無權聯絡家人，而我很想念他們。除了焦慮、恐懼、空虛、寂寞之外，這地方還非常恐怖。我知道我在這裡是為了付出代價，為了償還我對一生摯愛、對家人、對朋友做出的事。但已經太遲了。我不知道自己要去哪，也不知道結局會怎樣。我寫信給你們，是希望你們念在從前的友誼，因為我需要你們幫我拿一些我的東西過來，交給監獄門房：我的淺褐色套頭衫、灰色愛迪達外套、耐吉球鞋、灰色羊毛毛衣，還有一條皮帶，不要太大（我的兩條長褲一直掉下來）……我的衣服必須交給門房，除了我要求的東西之外，其他什麼都不要，如果你們對我還有一點友情的話……

我求你們寬容一點，我會在監獄待很久，我問了自己很多問題，什麼都問，這一切會怎樣，家裡又會變得怎樣，還有其他的一切。這裡最糟的一件事，是無聊，一天只能放風一小時，房間又是兩個人同住。這對我來講很難熬，我知道我傷害了我在世上最愛的人，我知道我會失去我的家人、我的孩子，彷彿我拋棄了他們，我會因此永遠無法振作。晚上我睡不著，我變得很瘦，但這一切都是我活該。我想念你們每一個人，我很慚愧，如果你們在網路上和他們聯絡的話，請告訴他們，我向他們道歉，尤其是我的摯愛，她就是我的回憶。拜託你們幫我問到我每個孫子和孫女的生日是幾月幾號，好幫助我撐下去。一想到我永遠不會見到明年初即將誕生的孫子，佛羅里安的兒子，我好難過、好難過……

今年的年末對我來說，將會非常悲傷，我希望我的摯愛能夠振作起來，這是我的願望。我是如此愛她，我在這裡更加感受到我有多愛她，雖然她要求跟我離婚。她仍將會是我永遠的摯愛，她是一個菩薩心腸的人，但我沒能留住她。還有，你們是不是能寄信告訴我卡洛琳、大衛和佛羅里安的地址，因為我忘了。這種與世隔絕的感覺真會讓人瘋掉。還有他們的電話號碼，等我能打電話時。

每句話都很假。大衛也這樣認為。這封信顯示我們家多麼混亂失序。我們的父親很厲害，就連我們應當同心協力的時候，他都有辦法分化我們。我覺得他很可悲、很卑劣，他毫不在意我們的苦痛。世界繞著他轉，世上只有他的需求、他渺小的自我。這封信的其他內容也一樣可悲，「如果你們和她通電話的話，告訴她我愛她。」

我並不訝異。他深陷於肥皂劇式的病態之中。

我將這第一封信傳給律師，請她轉交給負責預審的法官。

## 二〇二〇年十一月二十七日，星期五

這三天以來，我和媽媽沒再交談過，和佛羅里安也一樣。我父親以遙控的方式掘下一條疆界，讓一個家變成兩個陣營。

我們的律師凱西（Caty）剛收到第一批經由公證人編號的文件。原告現在已能取得並檢視這批資料，也就是我父親十一月二日收押至今的所有陳述證詞。好幾百頁的資料，裝滿三個文件夾。我會前往律師事務所，媽媽則希望用電話進行這第一次談話。悲哀的巧合是，今天正好是我父親六十八歲生日。

我們即將面對的第一階段，將會很不平靜。我試著做好心理準備。

保羅陪我一同前往。事務所的走廊鋪著舊式木頭地板，一踏進走廊，我就覺得心懷信任。凱西的團隊幾乎全員都是女性，我因此感到安心。在我人生的此時此刻，男人在我眼中是一種威脅，他們有可能多年不斷碾碎藥劑，藉此對他們的受害者予取予求。如果有男性在場的話，我會因此焦慮、覺得不舒服。

媽媽已經在話筒另一頭了。凱西說她已經開始宣讀我父親打從首度收押開始，接受訊問時的不同片段。這場會談，我們兩人都出席會比較好。

凱西宣讀的第一部分，將近四十五分鐘。她很著重我父親的說謊傾向。警察問他：

「您記不記得，您曾經前往位於Y地的@XX家中，目的是侵犯其女友？」而我父親回答：「我不記得那個地方，您知道的……我們約在大半夜，在一條狹窄的泥巴路，然後他蒙住我的雙眼之後，才把我帶去他家……」

「那天晚上，您有侵犯他的女友嗎？」

「現在您這樣說，我想起來了，我記得那天晚上，我一直待在屋外，待在他們的花園裡，因為藥效沒有發揮作用。」

我父親只供出極小部分的真相，而且是在被逼到無路可退的時候才如此。但不只這樣，我發現他性格中與平常完全不同的另一面。他使用一種非常露骨的語言來描述我母親，言詞充滿貶低與羞辱。其他加害人的表達方式也同樣鄙俗。無論是錄影檔裡的對話、抑或警方截取的簡訊，或是他在交友網站傳送的訊息，他使用的語言都很骯髒、很可恥。我母親被觸怒了，她提出抗議。

「律師大人，很抱歉，我不希望卡洛琳聽見我的案件全部的內容。這是我的案子，它洩露的是我的隱私。」

凱西盡可能用最委婉的方式向她解釋，我也是這起案件的原告之一，所以依法我有權檢閱全文，無論她同不同意，無論我是透過凱西，或是透過其他律師介入，她都沒有選擇。我知道母親想保護我，但我想知道我父親這個強姦犯究竟是怎樣的人。這個丈夫表面上滿口讚揚妻子，同時卻用可怖的言語談論她，他究竟是誰？

小桑樹的樹蔭下，你手中拿著一杯茴香酒，你轉頭看我，眼中滿是笑意。假期才剛開始。你問我最近有什麼計畫，問我工作如何。然後你忙著整理泳池，播放音樂，和你的孫子們一起跳舞，他們一個比一個更開心。

凱西繼續朗讀本案的文件，包括刑案中常見的內容：搜查、聽取陳述、扣押查封等等。細節十分齷齪。

她唸出我父親在論壇上傳布的訊息，他藉此籌畫那些性侵我母親的夜晚。

他吹噓自己的混合藥劑效果有多強，自豪地分享使用方式，並詳細說明劑量、解釋應該在食物或酒精飲料中溶解多少錠的勞拉西泮。他還進一步說明：如果該女性吸菸的話，藥效可能會受到影響，但如果混合酒精的話，效果會更加有力。我沒辦法不去想那兩張他拍攝我的照片。我偶爾會抽菸，尤其是喝餐前酒的時候。我母親則完全不抽菸。我因此深信，他亦曾在我身上測試他的混合藥劑。

看見我母親連續幾小時陷入近似昏迷的狀態時，他洋洋得意：「上次放的劑量不夠多，這次沒問題。好了，可以上了。」

根據他的談話，我得知他曾經數度前往其他加害人的家裡性侵或試圖性侵他們的女友；不僅如此，他也會去一些實踐三人行的伴侶家裡，這樣就輪到他從中得利。他也提到天體營，他應是獨自和一對知情同意的伴侶一起前往的。

另一段談話則提及某次「行動失敗」，意思是性侵未遂。他說那夜他潛入一名陌生女子的房間，但她卻將燈點亮。她顯然懷疑男友密謀了什麼，所以沒有喝下他遞給她的飲料。我父親「像一隻掉進陷阱的兔子被車燈照亮」，逃走之後，他竟然還能自嘲：「他媽的，我像個白癡一樣。我正在脫褲子，啪一聲燈亮了，她站在那裡。」他責怪屋主不夠謹慎，怪他壞了他的好事。

他不願暴露身分——這證明我父親當時非常清楚自己的行為有多嚴重。他要求對方刪除所有對話紀錄。

我憤怒得近乎失控。父親究竟強姦了多少女性？這問題讓我頭暈目眩。

科西嘉島，在一艘小小的汽船上，四周海濤洶湧。你要我保持鎮定。你讓我安心。我的恐懼消失了。在你身邊，我成功駕駛了這艘船。

律師提到我父親和一名加害人的另一段對話，我父親打算去這名加害人家中強姦其妻子。我父親明確指出，如果家裡有小孩在的話，「晚餐時就要灌倒他們。」

全身竄過一陣寒意。我用眼神詢問凱西，她向我說明，沒人知道他最後有沒有前往這戶人家。

在這些對話當中，他也會聊到自己病態的妄想。他針對這些線上聊天的對象進行評估，觀察他們是為了什麼原因而感興趣。他的行動模式永遠是同一套。他使用Coco.gg這個交友網站，這是第一步，之後才會真的採取行動、邀別人來到家中。他會先問對方，他們是不是和他一樣，喜歡「強姦模式」。他也會詢問對方尋求的是哪種性行為。

為了吸引他們到家裡實際執行性侵害，他在一個名為「她不知情」（à son insu）的私人會員制論壇張貼我母親的照片，大部分都是意識不清、姿勢猥褻的照片。他把她打扮得像個庸俗的賣春婦。這樣擺拍很有效果。加害人幾乎全都住在沃克呂茲省，大部分甚至住得離我父母家相當近。不僅如此。他還將自宅的照片寄給加害人，並畫地圖指引他們如何步行到他家。有時候，在他們快抵達時，他會傳簡訊告訴他們怎麼走。

為了避免引起鄰居注意，每個加害人的交通工具都必須停在附近的健身房停車場。加害人通常獨自前來，有時則是數人同行。他會向對方強調：來之前不能噴香水，也不能抽菸。他們必須把行動電話留在車裡，以免手機響起而吵醒我母親。

他強制他們先在廚房脫衣服，並將衣物擱在門前的台階上，以防萬一他們必須匆忙逃走。他堅持對方用熱水洗手，以免我母親在夜裡被冷醒。他也會提議觀賞之前拍攝的強姦影片，好讓對方興奮，同時確認加害人的意願。他會提醒對方，一旦走進那間暖氣開到強過頭的主臥室，就必須完全安靜，頂多只能輕聲耳語。

接下來，負責訊問的警察問他，在那當下，這些人對我母親被下藥的程度知道多少。發現她意識不清時，他們似乎並未因此卻步，而是更加興奮。

我父親很肯定地說，他每次都有說明我母親處於什麼狀態。接下來，他被詢問自己是否對親生女兒有性欲。他迴避問題，全盤否認。警方拿出那兩張我意識不清的裸露照片時，他聲稱不記得這些照片，說他什麼都想不起來。但他承認那是我：「對，那是我女兒，但我對這張照片完全沒印象。再說，比起我習慣的對象，她實在太年輕了，她完全不是我會感興趣的類型，這很明顯吧，您只需要比較一下您在我的器材上找到的其他照片就知道了。」最後他這樣宣布：「我從沒碰過我女兒。」

我怒不可遏。話筒另一端的我母親似乎沒意識到這個自稱好丈夫、好爸爸的人，口中吐出來的話多麼駭人聽聞。今天這場會晤持續了好幾個小時，時間已接近晚上。我非常肯定我們還沒看見事情的全貌。此時此刻，關於這個人的性格以及他的所作所為，我想媽媽的解讀大概永遠不會和我一樣。我覺得她在四周築起高牆，用否認來武裝自己，這是一種自我防衛機制，如果她現在人在我面前的話，我一定會因此爆發。是時候喊停了。我很累，我的頭劇烈地疼痛起來。

## 二〇二〇年十二月十日，星期四

傍晚，我按照規定去見預審法官指定的精神科專家。這場會面的目的是要檢驗我自從父親的犯行被揭發之後，至今為止的精神狀態。時間已近晚上七點，今晚很冷。

我單獨赴約，診療所位於一幢八〇年代的建築裡，感覺像是一戶公寓，不像看診的地方。

我內心不太平靜。我很恐懼將自己的故事告訴一個陌生人——而且，是個男人。打從幾週前收到通知單的那一天起，我就忐忑不安。目前的我還是相當脆弱。

候診室裡有一些非洲面具，還有幾張旅遊照。一名白髮男子出現了，他儀表端正，身穿深色西裝。他要我跟他走。我在他的小辦公桌前坐下。

環顧這狹小空間的每個小角落。毫無逃脫的可能。

我面前是一面偌大的書牆，上面堆了許多關於行為科學與精神醫學的著作。

會談一開始，他沉默許久，並專注地觀察我。我文風不動，連眼睛都不眨。

「這場會談會分幾個階段進行。首先，我希望聽您說說您的童年、青春期，以及您成年之後身為一名女性，在事發**之前**的生活，以及現在的人生。接下來，請您談談您父親在家中扮演的角色。在這之後，我們會填寫幾份量表，請您回答一些複選題，好讓我得以評估您的受創程度與創傷性質，以及創傷是否造成您的生活困擾。」

我挺直身子，字句脫口而出。

「我是三個孩子當中的老二，有一個哥哥和一個弟弟。

「我大學畢業，讀的是綜合大學。為了得到我想要的生活，我總是辛勤工作，或許因為我太常看見自己的父母陷入財務危機。說真的，我的雙親未能保護我不被他們的伴侶問題干擾，而他們總是極不穩定的財務狀況，對我造成很大的影響。我很小就懂得『眼前有個大問題』代表什麼意思。我還未滿九歲時，曾看見他們的家暴現場。我看見父親用雙手抓住母親的襯衫領口，把她提起來，她被壓在浴室牆上，雙腳離地幾公分。那個時期，我認為母親打算離開他。後來，類似的場景再度重演，之後她真的離開了。

「即將滿十五歲的某一天，我從學校回家吃午餐時，一名警官闖進我們家裡，身旁跟著一名司法執達員和一群搬家工人，他們要把我們家客廳的所有家具全部搬走。

「我父親從好幾天前就開始準備這件事，他把一些他認為重要的東西藏了起來，譬如客廳的電視和第四台機上盒。我現在還能看見自己辱罵卡車裡面那些倒楣的搬家工人。那天，我非常生父親的氣。我母親晚點才會回家，回來時她會發現家裡幾乎空了。我還記得他面無血色在客廳裡走來走去，哭得像個小男孩。我也很想哭，我想著客廳那座用大理石和高級木材製造的五斗櫃，那是外公留給媽媽的遺產。從我誕生的時候開始，它就是客廳最顯眼的家具。外公已經不在了，對我來說，它是外公唯一留下的印記。我非常喜歡外公。他什麼都自己學，曾在陸軍擁有顯赫功勳。儘管飽經艱難歷練、身體也不太健康，但他看起來總是充滿雄心壯志、很嚴格、絕不妥協。最重要的是，他非常寬宏大量。而外公唯一留下的紀念品就這樣淪為拍賣品，像個悲慘的小擺飾。

「幾個月後，我們在客廳吃聖誕晚餐，家具是塑膠製的戶外用品。儘管如此，我父親還是送我母親一枚金戒指，上面鑲了相當貴重的礦石，算是一種補償。他像個做錯事被逮到的青少年。我母親叫他把戒指拿去退，把錢拿回來。」

我一開始說，話語就源源不絕，停不下來。

「這類的事不只如此。幾年後，我發現父親把我暑假打工存下來的錢拿去用，甚至沒告訴我。根據他的說法，這本來就是應該的，他會在我更需要錢的時候把錢還我。我在很年輕的時候就發現，和其他家庭相較之下，我家遵守的秩序是相反的。我有點像是我父親的家長。我覺得自己對他有責任，我眼中的他很魯莽，他的情緒有時很不穩定。我這個小孩必須幫助他。

「我還記得，他們吵架的內容是我不應該聽見的事，但有時候他們會叫我選邊站。後來我習慣躲去朋友家。至少在她們家裡，我可以避開大人們的煩惱。

「我父親常常迴避規則，讓我們誤以為他已解決困境。他原本的職業是電工，當他試著轉行時，我經常看見他與現實多麼脫節，而他總是失敗。在他心血來潮創業當老闆時，是我和兄弟們幫忙的。我們三人借他資金開設一間服務公司，但最後他申請破產，陷入比先前更加拮据的窘境。

「他的野心、他做的決定，常常讓我們陷入窘境。幸好我母親的工作很穩定，她在一間企業擔任主管職，資歷超過二十年。所以我們才可以在一九九〇年代初，住進她的獨棟員工宿舍，宿舍位在巴黎郊區的高級住宅區。我們在那裡住了超過十六年，宅邸很大，有五個房間，庭園種了很多樹，不遠處就是瑪恩河畔。

「去掉這些缺點的話，我父親其實很懂得扮演一個總是陪著孩子、懂得傾聽的爸爸。他對我來說是這樣的爸爸。比方說，很長一段時間，當我想放棄現代舞時，他總是鼓勵我繼續跳下去——我就持續不斷地跳到二十歲。我十三歲那年，他甚至花費心力和我的舞蹈老師討論，考慮要讓我進入舞蹈班。

「某段期間，我父親應該過著還算正常的普通人生。是他一大早送我去高中上學，這樣我就不用搭公車；有時候，週末我晚歸時，他很樂意開車來載我，多晚都沒問題。直到我考到駕照之前都是如此。當我傷心難過時、或是當我和媽媽在家裡爭吵時，他總會安慰我。

「關於我們三個孩子，他的信念永遠只有一個：希望我們的人生過得比他好。我們還是青少年時，他就不斷這樣對我們重複。

「他很遺憾自己沒唸書。他很常反覆重提某些童年往事。他十三歲半的時候，他父親就強迫他去工作。他不得不從坎西蘇塞納爾（QuincysousSénart）的學校中輟，他是在那個城市出生的。小時候他曾經住過安德爾－盧瓦爾省（IndreetLoire）的烏伯雷堡（Château d’ Oublaise），這座城堡改建為專門收容慣犯的更生人中途之家，他父母在那邊擔任看管人。我父親的童年似乎不快樂。最後他取得電工證照，幫家裡賺錢，先是在外省的工地工作，後來轉到大巴黎地區。他總說自己的父親是懶惰鬼、邊緣人，只會拿社會救濟金。但他父親其實懂得用雙手製造所有東西。我祖父至少有把這個強項傳給兩個兒子。除此之外，他也教了兩個兒子靈活變通、用自己的方式解決問題。

「隨著年歲漸長，我和我哥、我弟常常後知後覺父親性格當中搖擺不定的一面。我們不只一次見到他顯得挫敗、善妒。我們識破他總把事實扭曲成對他有利的版本，只為了自我安慰。但我們愛他，我們三人都接受他就是這樣，我們都很明白他的弱點。」

當我說到這裡時，醫生請我暫停一下。

他再度沉默一陣。然後他要我將一隻手平放在他的辦公桌上幾秒鐘。接著他請我抬起這隻手，藉此判斷我的情緒緊繃程度：我是否情緒激動、是否覺得難受？又或者，我只是因為自己剛才說的話而心神不寧？我照做，汗濕的手指在桌上留下指印。他看著我，態度很平靜。

「您現在感覺如何？」

「覺得被背叛了。覺得可恥，因為我是這個禽獸的女兒。」

# 二〇二〇年十二月十二日，星期六

十一月二十四日我父親的信引發爭執之後，佛羅里安就把自己封閉在沉默當中。他和我母親兩個人獨自規畫了沃克呂茲省那幢屋子最後的清空作業。他們計畫搭火車南下，在當地租一輛卡車，把往昔剩下的一切都清空。所有東西都搬回大巴黎地區，放在佛羅里安家。

媽媽這十年來的人生，只剩幾個紙箱和一些衣物。其他東西全都賣掉、丟掉或送人了。

打從好幾天前開始，媽媽就想把我父親的東西送進監獄給他。她為他準備了一袋禦寒衣物和一些個人用品，打算交給勒蓬泰監獄的門房。就連我父親最親近的好友們，都在得知他入獄的原因時憤慨不已，因此拒絕幫他這個忙。

我母親來到監獄門口，警衛告訴她，週末不能轉交衣物。等到下一週的週三左右，牆壁另一頭的檢查程序結束之後，我父親才拿得到這些衣物。我無法理解。這個人害她被強姦十年，她卻還掛慮他舒不舒適。

# 二〇二〇年十二月十四日，星期一

清晨五點半，鬧鐘響了。今天我會搭火車去亞維儂，負責預審的法官要聽取我的證詞。昨天晚上我住在大衛家，他的太太和小孩們也都在。他堅持送我去車站。我們同時起床，然後嫂嫂賽琳把我緊緊擁進懷裡。內心深處，我真的很怕我會撐不住。

我知道，到時候，我會是一個人，只有我自己，而我所說的話或許會影響這場訴訟的下一步。責任重大。

一抵達亞維儂車站，關於**從前的人生**的回憶，一波一波湧上。眼前再度浮現的，是高中畢業會考結果公布那天，父親陪我看榜時的欣喜若狂；幾年後我拿到大學文憑時，他眼中的驕傲；我向他介紹保羅那天，他流露的感動之情；二〇一一年在奧林匹亞音樂廳（Olympia）一起聽扎茲（Zaz）演唱會的歡樂時光；二〇〇九年我結婚那天，他情緒激動地朗誦尚－路易・歐貝（Jean-Louis Aubert）一首又長又動人的歌……太痛苦了。

法官的辦公室在五樓。我提前一小時抵達，坐在走廊的椅子上等待。走廊漆成黃色，很醜。我覺得自己好像在演一齣難看無比的警匪連續劇。

目前，是我母親正在向法官陳述。她的時段比早我一小時，也就是十點開始。到了中午，我們的律師凱西過來告訴我，媽媽的會談比預期久。結果媽媽講了至少三個半小時。在這期間，我在法院的走廊閒晃，四下籠罩著沉重的靜謐。

我母親終於走出來時，她累壞了。

下午一點半，我走進寬敞的辦公室，半敞的窗外能看見法院的建築正面。

凱西也在。法官是一名年輕女子，留著淺栗色的光滑直髮，整個人幾乎消失在大量的文件後面。書記官坐在法官右側，她面對著電腦螢幕。

二〇二〇年十一月三日我向父親提出告訴之後，法官希望聽我陳述。

「我說不出確切日期，但我非常肯定，我父親早在比二〇一三年更早之前，就開始出現偏差行為。二〇一一年，我弟弟佛羅里安告訴我一件令人震驚的事。當時，佛羅里安和他當時的女朋友，也就是我後來的弟妹，兩人一起住在我父母家。有一天，當她回家吃午飯時，她驚見我父親正盯著電腦螢幕手淫，他人在書房裡，房門大開。她窘迫不已，立刻轉身回到佛羅里安的房間裡。

「幾個月後，我把這件事告訴我母親，因為她無法諒解佛羅里安為何愈來愈少出席家族聚會。我父親也很埋怨佛羅里安態度不變。當我決定告訴母親我弟為何如此時，我父親大發雷霆。」

法官作勢要我停一下。她問書記官剛才有沒有足夠時間統統記錄下來。她也希望聽我陳述我母親一再恍神這件事。

「我幾乎可以肯定，我父母來住我家的時候，他也同樣有對她下藥。譬如二〇一九年十二月，他們來我家過聖誕假期。那時我和丈夫、兒子都出門去摩洛哥旅行了，所以不在家。後來我母親說，十二月二十八日晚上，她曾失去記憶。當時他們正在招待一對朋友。她還記得那天晚上剛開始時的事，但之後就什麼都不記得了。她不記得有向朋友道別、也沒看見他們離開。她已經退休，她從十一月初之後再也沒幫忙帶過孫子，那次聖誕假期也不特別累人。

「對我來說，唯一可能的原因，就是藥物。所以我認為，他們十二月中來到大巴黎地區之後沒多久，她就出現婦科問題，一定也是因為藥物。當時我非常擔心，我很怕她的健康出了大狀況，我堅持幫她在我的婦科醫生那邊掛急診，因為她這個年紀的停經女性不應該無緣無故流這麼多血。醫生沒檢查出特別之處，只開給她幾天份的抗真菌藥。她的子宮頸確實嚴重發炎。醫生沒有進一步追查。毫無緣由的恍神，這些年發生了很多次。其中一次則是在我和保羅的度假小屋那邊。現在我很確定，二〇一九年五月，我父母在那邊度假之後，他也有對她下藥。」

「您為何這樣認為？」

「他們離開的那天早上，我母親不記得她有整理屋子、倒垃圾、把門鎖好。那天早上，他們不到十點就離開了。我認為她很快就在車裡失去意識。意思是他一大早就在她的黑咖啡裡面，摻進劑量過多的藥。我母親個子那麼嬌小，他都沒有想過，她的心臟說不定會受不了。

「我記得當時我打給媽媽好幾次都沒人接。嘗試幾次之後，是我父親接聽她的手機，他說她睡得很沉，他們剛過里昂。我記得他對我說：

「『你媽媽很累，離開前她太緊張了，因為要把你的屋子掃乾淨、整理得完美無缺，你也知道她就是這樣，她給自己很多壓力……現在她放鬆了，她在睡覺。』

「我曾和媽媽一起長途開車好幾次，我知道她從來不會在車上睡著。這件事讓我很不安。

「現在，因為這起案件正在進行的調查，我才知道他下藥迷昏她，是為了在回沃克呂茲省的途中，在休息站把她獻給別人。直到隔天傍晚，我才終於和我母親講到話。從離開我的屋子那一刻開始，她就什麼都不記得。她看見自己把大門鑰匙插進鎖孔，接著就是一片黑暗。

「一直到他們回到馬贊城，媽媽才清醒過來，這時車子剛開進他們家的大門，她至少連續睡了八小時。」

我暫時閉口，直視法官。

我意識到，我的證詞以何種程度具體描述了我父親那難以捉摸的性格。我尤其領悟到，我這些證詞必須在法律上站得住腳。這些事件證明了我們家的劫難是既定事實，我彷彿被這些事件掐緊喉嚨。我非得撐到最後不可。儘管必須付出沉重的代價。事關犯罪、反覆集體性侵。我覺得自己異常孤單、渺小，被這沉重的案件壓垮了。我不願饒恕自己竟然什麼都沒發現。我覺得自己罪孽深重，缺乏識別能力。怪自己沒有堅持查清她一再失憶的原因。我打從心底怪罪自己竟如此盲目。

而且，我有別的事要告訴法官。這事縈繞我心，是和我切身相關的事。我無論如何都希望她能理解，我父親的孩子們也同樣因為被他操控，而深感痛苦。

我們怎麼有辦法知道他大半時間都在說謊？我們怎能知道說謊是他的第

二天性？我們怎麼可能識破他在眾人面前精心表演的假象？和他們一起在家裡共度區區幾週，就足以揭穿他嗎？

這時，我決定告訴法官，二〇一九年發生過另一件令人印象深刻的事。當時，我剛動完第三次緊急手術。持續五個月的劇烈疼痛，私密處的傷口遲遲無法癒合。三次手術的外科醫生都說不出問題出在哪裡。

那漫長的幾個月當中，我受了很多苦。我變得沉默。我覺得自己出現了某種殘缺，感覺自己變得很渺小。如今，我一直想著一個問題：當時的病痛會不會和我父親的行徑、和我那兩張照片有直接的關聯？

那年夏天，我在三週內再度緊急開刀兩次。所以，八月十號星期六早上，我剛開完刀，請了病假在療養地休養。

床頭櫃上的手機開始震動時，時間是早上十點四十五分。

因為疼痛，我幾乎徹夜未眠。來電顯示號碼是我父親。這時我才看見四通未接來電，還有一封簡訊：

「拜託你趕快回電。我很急。」

我很天真，以為他想知道我還好嗎，但當他接聽時，我聽見他用著急的語氣說：

「抱歉，我知道現在不是時候，但我需要你幫忙。」

然後他說了一大串我再熟悉不過的長篇大論，他說他急需一百歐元，不然他的銀行戶頭會被凍結。銀行禁止他透支。他說他之所以沒錢，是因為三個孫子（其中包括湯姆）七月去住他家，害他花了很多錢。那時我心想，我在這個家裡，真的從來沒能扮演我真正應該扮演的角色——身為孩子的角色。我總是需要幫他解決這種問題。那個當下，他激怒了我，每次他試圖顛倒我們的角色時都是如此。

「我不想讓你媽擔心，她現在已經夠焦慮了。你什麼都別跟她說，我會自己想辦法……」

他雖然這樣講，但是這次也一樣，他不是打給大衛或佛羅里安，他總是打給我。

他知道我會伸出援手，而且不會多說什麼。每次都是這樣。我就是沒辦法拒絕他、沒辦法叫他扛起自己的責任。他很清楚這一點。

這正是操控的主要手法。我們知道自己被操控、被影響，卻沒辦法擺脫操控者的權威。我沒力氣跟他吵，結果還是答應匯款給他。我試著保持無動於衷，但內心深處正在沸騰。

十分鐘後，他又打來了。

「卡洛，事實上，一百歐不夠。我需要一百二十歐。如果你能盡快匯款一百二十歐元過來……」

這個無賴讓我啞口無言。在我這麼虛弱的時候，他拿莫名其妙的藉口向我要錢？……這已經不是第一次，我似乎早就應該習慣，但寡廉鮮恥之事是永遠不會習慣的。手機又開始震動，他在二十分鐘內打來三次。

「卡洛，我仔細想過了。一百四十歐元比較好，我這個月的退休金還沒入帳。」

「我不是銀行。」

「你這樣是幫我忙。你總可以幫我一個忙吧？這樣是為你媽好。想想你媽，不要讓她擔心。錢我以後會還你。」

結束通話時，我緊握雙拳，心狂跳不已。他設法讓我有罪惡感。而且他成功了！隔天一早，我傳了一通簡訊給他，叫他不用還我錢。他當然沒堅持。

接下來的幾個星期，我和父母保持距離。但是八月底，我們還是在大衛的慶生會上見面了。我父親對我很冷淡，他認為我的態度「不可原諒」。我終於忍無可忍。幾天後我打給我媽，把一切都告訴她。我受夠了扮演我父母的家長。

法官專注聆聽。她問我還有沒有別的事要補充。

「有。我九歲的姪女莎夏，也就是大衛兩個女兒的其中一個，她在她外公入獄之後，說了一件令人訝異的事。二〇一九年二月寒假期間，她記得某天早上，她看見祖母仰躺著，深深沉睡，雙臂鬆垮垮垂下來。「她睡得好熟。」我姪女說。外婆對她的呼喚一點反應都沒有。她外公叫她讓外婆好好休息。

「那天早上，我母親睡到快中午才起床。她平常不會這樣，尤其是需要幫忙帶孫子的時候。」

我重讀自己的證詞並簽名。我父親將必須針對這份證詞，再度提出他的證詞。我很清楚，我說的話會讓他很不好過。

但這是我生平第一次看清我對他真正的想法。我要揭開這麼多年操控行徑的假面具。

當我走出法官的辦公室時，媽媽毫無反應。我領悟她就是沒辦法在精神層面承認這件超乎想像的事是真的，沒辦法正視事實。這對她而言無法忍受。她試著說服自己：她愛了這麼多年的男人並非一直都是這麼喪心病狂的性犯罪者。她試著幫他尋求一些可以減刑的情況。

我和媽媽在車站各自搭上不同的列車，儘管目的地同樣是大巴黎地區。彷彿我們的未來已經分歧了。我很無力，覺得自己很惹人厭。關於自己曾經深愛這個我以為熟悉的父親，我覺得很可恥。

# 二〇二〇年十二月十七日，星期四

我和媽媽疏遠了。她無法想像我怎麼可能也是我父親的受害人。她就是無法接受。這我可以理解。但我也怨她無法重視我的疑慮、傾聽我的憤怒與痛苦。媽媽不斷叫我不要把自己搞得這麼緊張、神經兮兮。客觀上來說，絲毫沒有證據可以證明我有被下藥，毫無觸碰或性侵的證據。話雖如此，我並未因此安心。我也知道她深受傷害，知道她也使盡全力不要倒下。她啟動了自己的「生存模式」。她漸漸進入一種麻木狀態，這樣才更能保護自己；而我使盡全力對抗自己的心魔。

在家工作時，沒有線上會議的時間，我把心思集中在家務上。收拾、整理、打掃。我試著讓那個盤踞內心深處的陰暗疑問消失不見。我父親有碰我嗎？

你從腋下抱起湯姆，和他一起走進泳池。藍綠色的水在陽光下閃耀。今天湯姆游泳時，將會是他生平首度拿掉手臂浮圈游泳，但你會守著他。你輕聲對湯姆說：沒問題的。你在水中抱著他，他並不害怕，他慢慢鬆開你的脖子。他很信任你，所以他才敢拿掉臂圈下水。我在岸邊看著你們。關於你，我什麼都不怕。我也一樣，我很信任你。

我打開專門儲放床單被套的衣櫃，猛然看見一條床單的圖案。我記得這床單。那是湯姆即將誕生那陣子買的。我僵住了，整個人跪在地上。

所以，今年十一月警察在卡龐特拉給我看的兩張照片當中，有一張是在我家拍的。照片中就是這條床單。我父親在我家、在我的房間裡拍攝我的照片，時間是二〇一三年。再也無庸置疑了。他的第二個獵物，就是我。

## 二〇二〇年十二月二十四日，星期四

這是湯姆第一次沒和他所有表兄弟姊妹一起度過聖誕夜，也是第一次沒和外公外婆一起過節。家族一分為二。我在大衛家過節，媽媽則待在佛羅里安家。家族聚會的滋味，從此再也不同了。我父親成功讓一家分裂。他毀滅了我最珍貴的寶物，也就是「我們」。家族的平衡，我的立足點。

無論如何，我做出一個極具象徵意義的重大決定。為了切斷家族的詛咒，我會改掉湯姆正式登記的第二個中間名，也就是我父親的名字。我要把它改成我哥大衛的名字。我已下定決心，接下來便會正式提出申請。

一向靦腆的大衛，將我緊緊擁入懷中。

## 二〇二一年一月一日，星期五

二〇二一年元旦這天，我想著父親，首度對他心生憐憫。我想像監獄裡的他。他冷嗎？餓嗎？他的牢友是怎樣的人？他怎麼調適自己不能出去騎單車、不能繼續他最愛的這項運動？對我而言，我的下一個階段，是不帶情感地將這些問句拋到一邊，不再認為自己和父親有關。

我很想媽媽。聖誕節之後，我就沒有她的消息了。我決定打給她。她說到第三句話時，我再也憋不住淚。沒多久，媽媽也開始痛哭。我和她經歷的這一切，沒有言語可以形容。

我唯一有辦法說出口的一句話，是我想陪在她身邊。講了超過兩小時的電話之後，我們向對方保證，我們絕對不會拋下彼此，絕不批判對方。

# 二〇二一年一月二十三日，星期六

睡醒時，我心情還不錯。今天早上很冷，但天氣很好。去市場的時候，天空萬里無雲。今晚我們會去大衛家吃晚飯，慶祝我和嫂嫂賽琳兩人的生日。賽琳從一開始就一直支持我。

自從十一月二日以來，這是我第一個過得還不錯的週末。白天就這樣愉快地度過。下午五點左右，我們決定出發去大衛家。

剛踏出家門，媽媽就打來了。我知道她回沃克呂茲省辦最後一些行政手續。今天明明開始得那麼順利。

「卡洛，你和勒蓬泰監獄某個囚犯的家人有聯絡嗎？」

「媽媽，你怎麼會問我這種問題？你撞到頭了嗎？」

我感覺她很不安。她說她收到第二封來自我父親的信，他在信中表示自己身陷危險，而這都是我的錯。

這個變態胡說八道，我毫不訝異。令我作嘔的是，我母親竟然相信他的胡言亂語。一切又回到原點：他從遠處操控她、把事情扭曲成對他有利的版本。結束通話之前，我請媽媽把這封信傳給我。我很想讀一下。

信的日期是一月九日，和上次一樣郵寄到媽媽的好友希薇家。我父親又再度避開司法體系。抵達大衛家時，我崩潰了。

我好恨他試圖操控我們，也很怨媽媽就這樣輕易受騙。結果，今晚的聚會不如預期。即使身陷囹圄，他仍舊成功偷走了我的歡樂時光。

## 二〇二一年一月二十四日，星期日

隔天，我讀了這封信。啞口無言。

我的好兄弟米歇爾，我猜是你把我的禦寒衣物帶來給我，讓我想起家裡的氣味，讓我在生命中感受到一點點的愛，短暫地溫暖了我的心。

我在牢房的室友是個年輕人，他的父母和他講電話時，試著打聽我為什麼會在這裡，但他們沒有成功。可是卡洛琳把一切都告訴他們，所以我的室友不願意再和我同住了。請您試著叫卡洛琳冷靜一點，不然這裡的人會私刑處死我。事態緊急，這些人絕對不會手軟。我一定會在監獄度過餘生，不然至少也要盡量在孤獨中撐下去，因為這裡日子的生活太難受，而我死在監獄的話，大家都稱心如意。我不要求憐憫，只希望得到一點安慰。這裡的生活太難受了，在卡洛琳的憤怒影響之下更是難熬。

我領悟他有多麼異常。利用我母親的盲從，煽動我的怒火，好讓我們彼此對立。他有的是時間這樣做。我知道父親病得很重、知道他的腦袋裡只有他自己——我好想把他的腦袋扯下來。

我需要幾天時間好好冷靜。

我很不舒服，在默默承受與反抗之間猶豫不決。

# 二〇二一年一月二十八日，星期四

我在家中和同事線上開會時，保羅把一個信封放在我的書桌上。是一封官方文件。

「您申請更改湯姆・尚・多明尼克（二〇一四年七月二十五日出生於巴黎十四區）的名字之要求，經過查驗相關資料之後，顯示您的要求符合民法第六十條之規定。因此您的申請已經核准，您的兒子已更名為湯姆・尚・大衛。」

我如釋重負，保羅的激動程度不下於我。如果沒有著手申請這件事，我是不可能認同自己的。

這樣做之後，我覺得自己保護了兒子。湯姆遠遠超越我的先祖。這封公文給我力量，讓我提起勇氣寫信給我父親。

最後，在我的律師建議之下，這封信永遠不會寄出。但至少我感覺好多了。

多明尼克：

監禁三個月，你已寄出四封充滿謊言的信。

你一直都知道自己做了什麼，如今你應該更清楚了。

唯一不同的一點，是我現在已經知道你的真面目。我們都知道了。

現在，我鄭重要求你停止這些技倆。

我會告到底。我們都會。

對我而言，你已經不存在了。你從未存在。

## 二〇二一年二月二日，星期二

我們發起募資，協助我母親支付離婚費用。我父親已答應離婚，五月三十一日會在卡龐特拉法院舉行第一場協議。我母親會出席家事法庭，我父親則會從監獄遠距連線。

與此同時，她也在準備申請減輕債務的文件，期望她恢復婚前姓氏之後能夠減輕債務。

她來我們家小住幾天的時候，我有時會撞見她消沉沮喪、默默不語。媽媽仍舊很克制，絲毫不願流露她的苦惱。募資行動結果很棒，反應了眾人對她的支持，深深鼓舞了她。幾週之內，我用盡全副精力，尋求所有能夠幫助媽媽的資源。我很希望她能尋回一點點尊嚴與自信。

這些善心人士的慷慨，我們永難忘懷。儘管只是小圈子的募資，但這場持續數週的團結行動讓她知道，她並非獨自一人面對暴風雨。她因此能夠再度抬頭挺胸，規畫接下來幾個月的行動。此外，她還收到很多訊息告訴她：性侵不一定只發生於貧困郊區的陰暗角落或地下停車場。大部分性侵犯都是受害者的熟人。父親，兄弟，祖父，友人，表兄弟，甚至配偶。

## 二〇二一年二月七日，星期日

我們一家三口去鄉下度過一個週末，呼吸新鮮空氣。

雖然這天過得很開心，但我在兒子眼中看見悲傷之情。我覺得他很疏離。為了尊重他的沉默，我也保持沉默。就寢時分，我發現他坐在床上。

「外公被關之後，我很常想到他。你說如果我想的話，可以去跟一個好心腸的醫生談談？嗯，我現在很想去看這個醫生，我想我有這個需要。我希望他永遠離開我的腦中。」

# 二〇二一年三月二日，星期二

由於我十二月在預審法官那邊陳述的證詞，我的嫂嫂賽琳和弟妹芭芭拉被傳喚到大巴黎地區的警局應訊。她們兩人都和警方談了兩小時以上。駭人聽聞的事，再度闖入我們的生活。

過去十年之間，家族聚會的時候，我嫂嫂和弟妹都在不知情之下，被拍攝了許多裸照，有些在她們自己家、有些在我父母家。我父親在浴室和臥室裡設置了連續拍照的攝影設備。

他還用賽琳的裸照製作了一些拼貼畫面，配上不堪入目的文字敘述，最初的照片可以追溯至二〇一一年她懷孕的時候。至於芭芭拉，她驚見自己去年夏天在我父母家度假時被拍攝的私密照。其中一些拍的是我父親在她的內衣褲裡面手淫。

我父親將這些照片公開在網路上。那些性變態網友應該很愛吧。

情況直轉直下，成為這起訴訟的轉捩點。賽琳和芭芭拉和我一起成為原告，並要求凱西擔任她們的律師。

整個家族的女性，我父親都沒放過。

接下來的日子裡，十八名疑似性侵我母親的男子被監禁。為了保護我父親的安全，他被移送法國南部的另一間監獄，因為性侵犯在監獄中是被針對的對象、是監獄裡的賤民。

我父親會怎麼面對換監獄這件事？他有辦法適應嗎？他當然有辦法。他已在我們家扮演假面超過四十年。

# 二〇二一年三月十日，星期三

這幾個月以來，我參加一些協助性暴力受害婦女擺脫內疚感的談話團體，內心的壓力因此減輕許多。瓦內莎・斯普林格拉（Vanessa Springora）的《同意》（*Le Consentement*），以及卡蜜兒・庫什內（Camille Kouchner）的著作《大家庭》（*La Familia Ggrande*）這兩本書，深深打動了我的心。她們的過去曾經像是沒有出口的死路，性犯罪的罪行玷汙她們的回憶、圍堵了通往未來的道路。但在漫長的煎熬之後，她們終究在文學中找到力量來揭露一切。

我父親不能宣稱我母親知情同意，除非他認為一個人被藥物迷昏時，頭腦依舊清醒……事實上，性侵犯不一定都貌似電視劇中的危險變態。他們往往是看起來很親切的老先生，那種你會想邀請回家吃晚飯的人。

最近幾週，我一直想認識一些致力爭取婦女權益的人士。我親眼看見母親的例子，她什麼都沒了。遇到這樣的事，她卻幾乎沒有任何醫療處置以及必要協助。她獨自面對一切，只能用自己的方式，想辦法戰鬥。至於那些沒有家人也沒有錢的女性，她們該怎麼辦呢？

啟動一切的契機，是我去訪問加達·哈特姆·甘策爾（Ghada Hatem-Gantzer）這位黎巴嫩裔法國籍的婦產科醫生。閱讀她的文章時，我發現行動與寬恕僅是一線之隔。我決定去見這位魅力十足的人物、家暴防治運動的重要角色。她投身的戰場不僅限於治療層面，更包括防治層面。幾年前我就注意過她。

如今，我才知道家暴是多麼系統性的問題。近幾個月來，我深深感受到這一點。親人身上發生的事會影響周遭的每一個人，讓每個人的運作系統失衡並產生變化。創傷是一種衝擊波，會向外擴展，但人們經常忘記連帶受害者的存在。經歷創傷之後的醫療處置、陪伴與精神支援，其重要性是顯而易見的。

因此，今天我和加達．哈特姆．甘策爾有約，地點是聖德尼中央醫院（Centre hospitalier de SaintDenis）附設的女性之家（Maison des femmes）。加達．哈特姆．甘策爾於二〇一六年創立這個機構，它是一種新嘗試，會收容並服務遭受身體暴力或性暴力的女性受害者。女性之家有三個醫療部門：暴力受創、節育、女陰殘割相關治療。

加達．哈特姆．甘策爾在她的小辦公室和我見面的時候，還不知道我發生了什麼事。她以敬重的態度迎接我，整個人散發一股令人安心的善意。她用平靜而圓潤的聲音鼓勵我說出自己的事。我毫不猶豫向她傾訴我的疑慮、我的期望、我深信不疑的事。

加達・哈特姆・甘策爾是個獨具創見的先鋒。這時我還不曉得，今天的會面就是我們一起合作的開端，也是美好友誼的開始。和她的首度談話，確確實實解放了我。

這天，加達・哈特姆・甘策爾即將創立「重新#再開始」（Re#start）組織。她之前為了創建「重新#再開始」而召開記者會時，負責兩性平等、多元暨機會均等事務的部長伊麗莎白・莫雷諾（Élisabeth Moreno）亦出席了記者會。假如我家附近有女性之家的話，幾個月前，事發當下，我早就馬上把媽媽帶去那裡了。在第一時間協助受害婦女尋得合適的機構、接觸擁有相關訓練的專業人士，這應該是人人都能享有的權益，而非特別待遇或碰巧運氣很好才能如此。不幸的是，申請醫療處置的手續首先要看受害人是否有足夠意願，而申請仍舊不易。對大多數的受害者而言，申請就像打仗。

她也對我聊到這些計畫需要的物資與人力，並提及她計畫在巴黎市中心開設一間名為「我的暫歇處」（Mon Palier）的緊急收容所，專供十八歲至二十五歲的暴力受害者緊急住宿處。我立刻決定挪出自己的時間和精力來幫她忙，而我個人的煩惱重擔頓時減輕了。

到了今天，「重新＃再開始」組織總共有十一間機構，其中九間已經開始運作，地點分別位於聖德尼、布魯塞爾、波爾多、布里夫拉蓋亞爾德、巴黎、蘭斯、杜爾、馬賽、凡爾賽[4]。除此之外，還有十幾間女性之家也即將開幕並加入該組織。這些機構統統都毗鄰醫療機構，提供醫療層面、精神層

4 詳細地點與成立日期如下：Saint Denis (juillet 2016, Centre hospitalier Delafontaine), Bruxelles (septembre 2017, CHU SaintPierre), Bordeaux (février 2019, Association CACIS), Brive-la-Gaillarde (novembre 2020, Centre hospita lier de Brive), Paris (janvier 2021, Hôpital La-Pitié-Salpêtrière, AP-HP), Reims (juin 2021, Le Mars), Tours (novembre 2021, CHRU de Tours), Marseille (janvier 2022, Centre Hospitalier Universitaire la Conception APHM), Versailles/Plaisir (janvier 2022, Centre Hospitalier de Plaisir).

面、社會層面三合一的協助，其工作人員和警方與司法機關均有密切的合作關係。

# 二〇二一年三月三十一日，星期三

我引介加達．哈特姆．甘策爾給我公司的主管認識。參觀聖德尼的女性之家時，加達．哈特姆．甘策爾向我們詳細說明「我的暫歇處」計畫；那是一幢位於巴黎羅什舒阿爾大道的旅館，有三十三個房間，目前正在重新整修。她很希望它盡快完工。我們談好合作方式，協助加達．哈特姆．甘策爾完成這項計畫。這個場所將會是一個真正適合居住、既舒適又親和的地方。和加達．哈特姆．甘策爾的首度合作給了我許多啟發。我知道我的協助不會僅止於此，我會持續投身這些計畫。

一九九〇年冬天，我們在上阿爾卑斯省的里蘇勒（Risoul）滑雪場度假。你叫我滑紅色滑雪道，那是我第一次挑戰進階級的滑雪道。你說會陪著我一起滑。我對滑雪還沒有太大把握，而高山常有出人意料的狀況。那天天氣很好，但很冷。在滑雪道高處的出發點，你在我前面先出發，速度快得像飛箭。我嚇壞了，獨自前進，滑得很不順利，我害怕那些高低起伏與轉彎，花了將近兩小時才終於滑到終點。最後我邊滑邊哭，看到你時，我大聲尖叫。你只說了一句：「你看吧，你還不是辦到了。我就說吧。」

## 二〇二一年四月五日，星期日

昨晚，我和媽媽通電話。她現在住在大衛和賽琳家。她還是沒辦法相信，我父親怎麼可能對親生女兒做出不可饒恕之事。「你不要再折磨自己了，你父親不可能做出這種事。我不能相信這件事，不然那會把我毀掉。」回想起來，我和媽媽真的很不一樣。她的防衛機制對我來說，始終是一團謎。

昨晚講完電話後，我帶著憤怒的心情入睡，我的靈魂很痛苦。凌晨四點四十三分，我醒來，感覺自己正在發燒，全身上下都在痛。我無法吞嚥，也沒辦法呼吸。夢魘顯得那麼真實……我母親幫助我父親逃獄，和他一起逃亡。然後我們聚在舊房子裡，在我和兄弟一起成長的家裡。我父親站在花園裡，他求我幫他，求我把他藏起來。他拒絕離開。我母親介入，她叫我們幫他。儘管她苦苦哀求，我還是打電話報警。

早上八點半，當我睡醒時，喉嚨疼痛加劇，我沒辦法講話了。緊急打電話叫來的醫生診斷出我的懸壅垂嚴重腫大，但他說不出原因。「可能是焦慮引起的精神因素生理病變。」

# 二〇二二年四月九日，星期五

今天早上七點十九分，佛羅里安的第一個孩子馬里斯正式加入了我們的家族。我父親並不曉得。他永遠都不會認識他。關於這個孫子，他不會有任何回憶。

人們常說，一個家中有人逝世之後，隨之而來的，常常是新生兒的誕生。這一天，大衛在我們的WhatsApp群組傳了一個訊息給佛羅里安，那訊息深深刻印在我的記憶中：

歡迎馬里斯。我們失去了一棵高大的橡樹，那是我們曾經熱愛在樹上棲息的橡樹；現在我們得到一株幼苗，我們會好好保護這株幼苗。

# 二〇二一年四月十三日，星期二

我們得知，又有其他嫌犯在家中被傳喚並收押。他們當中有好幾個是年幼孩童的父親。我想著這些孩子，所有兄弟姊妹因為父親犯的錯而被擊倒在地。他是這些家庭的葬送者、是扼殺回憶的凶手。我彷彿看見這些孩子長大之後必須面對的考驗。他們將經歷我們現在正在經歷的黑暗，親子關係已被玷汙、已被摧毀，因此必須脫離，無論代價為何。

這些嫌犯要求釋放的請求，全都遭到回絕。

## 二〇二一年四月十六日，星期五

我們的律師剛收到最新版本的案件檔案資料複本，如今已有好幾百頁的陳述證詞。已查明身分的七十三名加害人當中，已有二十三人在沃克呂茲省的不同監獄收押。

我父親於三月十七日再度被訊問，法官向他出示我嫂嫂和弟妹的照片，還有我二〇二〇年七月的照片。他在網路上發表這些圖片，搭配汙穢不堪的評語。但他表示那只是「想要嘗新」，並再度強調他從未對自己的女兒或媳婦們產生性欲。

我們必須和律師約個時間，前往她的事務所閱讀這些資料。

# 二〇二二年四月二十六日，星期一

大衛、媽媽和我在律師那兒待了五小時，聽她向我們報告最近逮捕的一批加害人的證詞陳述內容。

他們的年齡介於二十二歲與七十一歲之間，宣稱自己是坎道列斯主義（Candaulisme）的擁護者，也就是有觀看伴侶和別人做愛的性癖好。

父親的說詞依舊使我痛苦。每次被問到關於我母親被侵犯這件事，他都避而不答、堅持維繫他的謊言。我領悟到，我大概永遠不會知道關於我自己的真相。

當凱西說她不打算向我們出示媽媽被綁在床上的照片時，我們驚駭不已。彷彿還不夠似地，她盡可能用最委婉的口吻告訴我們，目前查到的第一樁性侵，其實發生於二〇一一年七月二十三日，地點是大巴黎地區。

彷彿被一台拖曳車迎面撞上的我母親，什麼都沒說。她變得消沉、黯淡。還有別的詞能夠形容嗎？她的光彩消失了，宛如慘遭破壞的蠟像。至於我，我因羞愧而啞口無言。

# 二〇二一年五月二十三日，星期日

我和保羅、湯姆，一家三口在里昂的朋友家度週末。媽媽仍舊很脆弱。我知道她每天都懷疑自己有沒有能力撐過去、能否堅持繼續這場訴訟。一想到她有可能撤回告訴，我就驚惶不已。

週日早上，我收到佛羅里安轉寄給我的信件，信是他幾天前收到的，收件人是他。信的日期是四月二十二日。

兒子啊，

被關之後，我想了很久，才提筆寫信給家人。我選擇寫給你，因為我只有你的地址，也因為我認為你擁有藝術家的感性，或許你可以把我這封信轉達給其他人。這是我試圖償罪的最後一封信。我了解也尊重你們的沉默，我會去坐牢，我會把這條路走完，因為我尊重你們。

我很後悔自己對你們所有人造成的傷害。我向你們所有人道歉，請求你們原諒我，我曾經盡力做到最好，直到我性格的黑暗面導致這幾年的恐怖。

我想念你們每個人。電視播報了一些事。我好想念你們。我希望你們都能擁有美好的人生，我很想念孫子孫女們，雖然我不認識最小的那個。

這樣或許比較好。

我想告訴你們，你們的媽媽是我一生的摯愛，這點永遠不會變。我和你們一樣，我永遠不會忘記她。我很清楚自己對你們造成的傷害，我知道你們以我為恥，所以我在這裡治療自己。沒有你們在身邊，是比失去自由更難熬的事。我希望你有把我的車拿去開，這樣會對你的日常生活有幫助。願你們所有人打起精神，得到幸福。我現在的年紀多少有一些健康問題，但相較於我讓你們承受的一切，這些都不算什麼。我會鼓起勇氣好好奮鬥，一個人走下去。

我愛你們每個人。我擁抱大家。

對不起。爸爸。

PS：我只有你的地址，是在我剛簽的離婚協議書上面看見的。

這封信我讀了三次，覺得很悲傷、很痛苦。他的道歉當中，有一點點的真心嗎？但我們怎麼還可能相信你對我們有感情？我們，你的孩子們，都被你蓄意摧毀了。

我感到一陣強烈的噁心。

# 二〇二一年五月三十一日，星期一

我母親去了卡龐特拉法院，出席第一場離婚協議會。我父親從監獄遠距連線。這是她首度在我父親入獄之後看見他。出現在她眼前的，是一個驚惶的男人，他低垂著頭迴避她的目光，變得很瘦很瘦。

或許有一天，我會和你談最後一次話。我會直直看著你的雙眼，告訴你，我們所有人的人生，原本可以多麼不一樣。

二〇二〇年十一月二日之後，我們的人生仍繼續前進，但卻是以模糊不清的面貌。我們配合訴訟時程的節奏過日子。對我們每個人而言，這場訴訟都是一場漫長的考驗。

今天，五月三十一日星期一，媽媽說她在卡龐特拉法院殺過菌的大廳裡，在大螢幕上看到你。

你在牆的後方，顯得很弱小；她雖然還沒倒下，但遠遠未能從她從前的人生當中解放。我雙親原本是光彩照人的佳偶，如今卻成了這副模樣。

這是你入獄七個月以來，媽媽第一次看見你，她很震撼。

我猜你的牢獄生活並不好過。你已變了個人。或許你終於成為那個你一直都是的人，迷惘、搖擺不定，雙目混濁無神。

你告訴她你很後悔。你說你很羞愧。爸爸，我們也一樣，我們也很羞愧。對你的孩子而言，最讓我們痛苦的，是我們沒能看出你是怎樣的人。

你背叛了我們。你選擇滿足自己黑暗的欲望，你以為自己夠聰明，可以消遙法外。

追根究柢，你究竟是什麼人？我或許永遠不會曉得。

我們或許永遠不會知道你是怎樣的人，也不會知道你究竟喪心病狂到什麼程度，雖然你拍攝的照片和影片已經顯露你內心深處是個徹底墮落的惡魔。我常告訴自己，讓我們承受這一切的你，一定從很久以前就不再愛我們、不再尊重我們。你毀了這個家。這裡曾經是你的家，而你從沒想過這個家對我們有多重要。

我曾是個對父親心懷感恩的女兒，曾經愛你、敬重你、協助你。

你並未履行你的義務。無論是父親的角色或外公的角色，你都棄而不顧。我大概永遠無法原諒你。

現在，我必須學著接受這樣的事實，和它一起活下去。

# 二〇二一年八月二十三日，星期一

媽媽在我的度假小屋和我會合。我協助她搬進這裡，好讓她能在一個中立的場所，重新掌握自己的人生。這九個月她一直暫住在孩子家裡，但現在她想自己一個人生活。她終於覺得自己準備好了。

經歷無數考驗之後，今夏又是另一個考驗，我們彷彿和**從前**的人生訣別了。儘管我父親活得好好的，在我們眼前的卻是無底深淵。

我們的當務之急，是讓媽媽習慣她的新生活。所以我們去二手店買家具、重新裝飾屋內、將舊物換成新的。她宣示主權的第一步，是將她婚前的姓氏標在信箱上。那姓氏終於存在於某個確切的地方。我們努力歡笑，每完成一項工作都欣喜不已，像慶祝一場小小的勝利。我們挪動了一些家具、重新調整遮陽板的尺寸，讓室內更加明亮。一切都是為了讓她覺得這裡是自己的家，覺得她在這裡很自由、很自在。我們不斷告訴自己：只要我們仍舊團結一致，那麼先前經歷的這一切，就都是值得的。

接下來這一週，我們得知共有三十四名加害人被收押——其中一人的住處，離我父母家只有幾條街。在我父親的邀約之下，這個人至少去我父母家中探勘兩次，藉口是要買一些大概根本不存在的單車車輪。

閱讀這些人的精神鑑定報告時，我震怒不已。他們當中大多數的人都承認自己的行為很不道德，但沒有半個人同情我母親或感到內疚。他們毫無自覺自己是危險的罪犯。

# 二〇二一年九月四日，星期六

快開學了，我們和湯姆一起檢視他狀況如何、心情好不好。應該繼續諮商嗎？今年夏天，他曾經宣布自己感覺好多了，說他不想再去看心理醫生。幾個月前還折磨著他的那些情緒，現在他好像已經能夠淡然處之。當時保羅和我都沒有堅持。今天中午，我向湯姆提到他說過這些話時，他說他想繼續心理諮商。他還是需要傾訴、需要保有每週一次的會談，他說這是「他的國度」、是「屬於他的時間」。

# 二〇二一年九月二十九日，星期三

打從幾天前開始，某些媒體把魔爪伸向我們的案件。不只地方媒體，還包括全國新聞。這些記者顯然早已掌握充分資訊，只是在等發表的時機——新一批加害人被捕時，記者就趁著這九人被捕，大肆報導此事。我們的事情即將公諸於世。我們都很擔憂。

為了及早做出準備，我請凱西公開談論何謂「家庭內的藥物操控」。該現象的猖獗程度遠遠超過一般想像，而女性與醫療體系仍知之甚少。於此同時，我母親的加害人也漸漸開始組成他們自己的辯護戰線，無恥到了極點。某些加害人的辯護律師聲稱，他們在事發當下絲毫未曾被告知我母親的狀況。變本加厲的侮辱。

媒體大肆報導之下，出現了另一個可能性——有沒有可能藉此強制關閉這些變態用來交流資訊的免費交友網站？如今他們當中許多人試圖開脫，他們佯稱自己也是我父親的受害者，說他們被我父親的卑劣手腕欺騙並操控了。但是Coco.gg這個現在仍舊如常運作的交友網站，明明就能讓這些男人點閱我母親的身體被褻瀆、被拍攝的色情照片。畫面中的她永遠是昏迷狀態，這並未遏止他們，恰好相反……

# 二〇二一年十月四日，星期一

關於媽媽、弟兄們和我這十一個月來所經歷的這一切，我多希望能有多一些堅持、一點尊重。某家媒體記者揭人隱私的行徑，顯示他們根本不配當記者。他們的職業道德和同理心到哪去了？你們有沒有想過你們傷害的這些家庭？做到這種地步究竟是為了什麼？

今天晚上我讀到一篇報導，因而激憤不已。我能感覺到，隱藏在文字與版面配置（標題、照片與圖片說明、用詞的選擇等）後面的，是一種病態而齷齪的快感，離新聞操守非常遙遠。這些人描述我們的災厄時，帶著一種亢奮的顫抖，他們妄加揣測、任意推論，浸淫在滿身泥沼的泥漿浴中，然後乾乾乾淨淨地抽身……我不知道記者證原來允許這種行為。

我選擇書寫。我指的是真正的書寫，而不是這種比臭水溝還不如的報導。書寫對我而言是一條道路，無論它有沒有價值。這書寫有其功能，能將我從父親那邊分離出來，讓我從肩頭卸下他留給我的重擔。

# 二〇二二年十月十四日，星期四

十月六日，亞維儂的法官聽取了我嫂嫂和弟妹的證詞。我父親最近一次陳述是七月的事，他的證詞既模糊又怪誕。他仍繼續將事實扭曲成對他有利的版本。幸好，法官似乎不認為他的說詞可信。

我在媽媽這兒已經好幾天了。我來這裡支援她，另一個目的是把一台汽車運來給她，好讓她能自由行動。現在她已經不怕開車了，不用再恐懼自己會在日常生活中恍神或失去意識。我的好友瑪西雍和我一起來找媽媽，瑪西雍始終是我最重要的心靈支柱。

凱西告訴我，最後一批性侵我母親的加害人當中，二〇二〇年十月二十二日犯案的那一位，是愛滋帶原者。

我全身顫抖。媽媽早就懷疑此事，但她什麼都沒說。下星期，她必須再做一次抽血檢查。我愈來愈憎恨生下我的那個男人。或許不會演變成最壞的情形，所以我緊抓一線希望。但是，如果我母親感染愛滋的話，他要付出代價。

## 二〇二一年十月二十一日，星期四

媽媽的愛滋篩檢結果是陰性。我鬆了一口氣。後來，媽媽對我說，她從不覺得自己會被感染，因為她一向運氣很好。我不得不承認，我實在無法理解她的天真和超然。我們面對這樁超乎尋常案件的方式，截然不同。

## 二〇二一年十月二十三日，星期六

這幾天，我和媽媽的分歧加劇，傷口愈來愈深。我們在完全出乎意料的情況下，得知了父親的近況。一個現在住在南法的孩提時期好友查爾聯絡了佛羅里安。查爾和我父母很熟，小時候他常和他們一起去度假。最近剛轉行的查爾目前正在接受培訓，預計成為社工領域的教育員。他在監獄實習時，迎面撞見我父親。我父親沒認出他，或許因為他戴著口罩。查爾已經多年沒看見我父親，他非常震驚，感覺我父親變了個人，看起來不知所措、面目全非。查爾不敢和他相認。在父親被捕即將滿一週年的此刻，這場幾乎不可能發生的重逢，深深擾亂了我們的心。

準備訴訟的過程中，我母親日益深信我父親需要幫助、認為他必須接受治療。有時她會責怪我對他太刻薄、甚至罵我不知感恩：

「你忘了他並非一向如此，從前的他並不是你現在描述的那個惡魔。他為了你付出很多。不只是你，還有你的兄弟。我曾經和他共度幸福的時光。我曾經那麼愛他。我寧願記住美好的回憶。其他的回憶毫無建設性，但我還想繼續我的人生。我就是這樣的人。」

或許是一種自我防護機制，用來對抗現實的野蠻。無論是否如此，她這席話始終讓我坐立難安。

# 二〇二二年十一月十七日，星期三

睡醒時，我領悟這份手記將會公諸於世。我雖不畏懼挺身面對，但自我修復的道路是如此漫長，無論是我已經走過的路、還是未來仍將踏上的路。好些疑問令我苦惱：我的親友會如何看待這本書？日後我兒子成長到能夠讀這本書的年紀時，他又會怎麼想？

一枚砲彈迎面擊穿我們，猛然爆炸，但我們還得保持鎮定，這樣才能面對接下來的衝擊。儘管幻滅、痛苦，心中充滿怨恨，我們仍得昂首向前、直視前方。我相信，我的證言會讓羞恥轉向。我衷心期望這本書能幫助其他受害者重新站起來。

# 二〇二一年十一月二十二日，星期一

自從我首度陳述將近一年之後，預審法官再度傳喚我。法官希望重新檢視目前正在預審的案件資料中和我相關的部分。根據凱西的情報，還有其他在我不知情時拍攝的照片，是我的裸照。法官想向我出示這些照片，並聽取我對於父親最近一次陳述的回應。我不知道我會看見什麼，也不知道那會對我造成什麼影響。有時我覺得自己活在沒完沒了的夢魘裡。我好想醒來。

上午十一點，亞維儂法院。法官等著我，地點是和去年一樣的那間辦公室。同樣的裝潢、同樣的談話對象，同樣的壓克力板隔在我和法官中間……桌上放著好幾個彩色文件夾。

「開始這次會談之前，我想先了解上次見面之後，您過得如何。在我們開始討論關於您的新證物之前，您有沒有什麼要說的？」

「我很擔憂我母親的精神健康。她似乎沒有意識到我父親多麼不擇手段，也沒有意識到他多年來讓自己承受的這一切。我認為我母親拒絕面對現實，儘管她已經超過一年沒和他聯絡。就某方面而言，她仍對他有感情，她寧願原封保留關於那個愛她的男人的回憶，想維持這個男人某種程度的道德形象。她沒辦法接受事實，不願承認我父親刻意讓她置身險境、為了貶低她而操控她。如果她承認丈夫本性如此，她會就此崩潰。這當然嚴重影響了我們的關係。她需要很長的時間來認清現實並重建自我，那會是一條艱難的路。看她這麼脫離現實，我很難過。」

她記下我說的話。

「最近，我的律師向我出示我姑姑的一封信，信件日期是二〇二一年九月八日。我姑姑已經八十幾歲，整個家族只有她還和我父親保持聯絡。她在信中向我父親洩露我母親目前的住處，但這項資訊應該保密。她還向我父親保證我母親『過得很好』，但就像我剛才說的，我一點都不同意她這句話。我母親現在只是試圖像攀住浮木一樣，試著挽留她**從前**的人生僅存的一些什麼、試圖說服自己：她和丈夫的過去是真的、是誠心誠意的。」

法官再度開口。

「我現在必須向您出示一些來自您父親的影片片段，內容主要是將您與您母親擺在一起對照比較的拼貼畫面。我們必須告訴您，這些畫面都已公開在網路上，和其他男性分享。」

於是她向我出示一張A4紙，上面印著一些彩色照片，其中一張是我在馬贊城那棟房子的紫色房間裡更衣的照片。我可以清楚說出拍攝日期：二〇二〇年七月。我去父母家裡遠距工作，住了十天。當時新冠疫情已爆發六個月，他們想和孫子共度一段時光。我看那些照片看了很久。我的照片有一些和媽媽的照片兩兩並置，他拍攝我和媽媽的不同姿勢，包括側面、背面、正面。然後我發現他為這些照片搭配的說明多麼下流。

他的聲音。我彷彿聽見他用嘲諷的口吻說出這些淫穢猥褻的字眼。我緊緊抓住椅子的扶手，以免暈厥。

「是的，是我沒錯。所以他把手機調成錄影模式藏在我的床頭櫃下面？他怎麼做得出來！」

我還記得，二〇〇八年夏天，在科西嘉島的蒂扎諾（Tizzano）。我眼前的你們很幸福。你和媽媽。像墜入情網第一天那樣充滿愛意。你的相機始終不離手。你不斷幫媽媽拍照，拍個不停。

書記官將我說的話騰打下來，她的動作很機械化，雙眼始終盯著螢幕。

法官凝視著我，繼續說下去：

「當我詢問您父親是否對您抱持性欲時，他表示：『不，一點都沒有。您問我為什麼要錄下她沒穿衣服的影片，我的回答是：因為好奇，就這樣而已。』他也否認曾經對您下藥或侵害。您對此有何看法？」

「我認為正好相反。他說謊像呼吸一樣自然。他有灌我藥，那兩張我看似沉睡的照片就是證據。法官大人，我再跟您重複一遍，我從來不曾穿這套衣服就寢、睡覺時也從來不是這個姿勢。而且我很淺眠。我已經和保羅共同生活超過十年，他每天凌晨一點四十五分起床出門工作，任何一點小動靜都會驚醒我。」

我要求再看一次那份「母親與女兒」照片拼貼。

「我和媽媽很像。他常常對我們這樣說。現在我知道他從來都不尊重媽媽和她的孩子們。而且他口中的我，是我母親的女兒，而不是他女兒或他們的女兒。他切割了他的父親身分。因為在他眼裡，我們只是單純的性對象。」

「現在，請您試著回想二〇一九年十二月二十七日至二十八日的夜裡，您人在哪裡。」

「十二月二十四日聖誕夜結束後，我和湯姆與保羅就出發去摩洛哥度假，直到一月二日才回巴黎。我父母則留在我家。」

法官拿出另一張照片給我看：我母親意識不清、沒穿衣服。

「我從您父親拍攝的所有照片當中，選了最不讓人震驚的一張。這張照片會不會是在您出遠門時，在您家中拍攝的呢？」

我看見我母親面朝左側側躺，一如每張她意識不清的照片。她只穿著一條黑色蕾絲內褲，一點都不像她的風格。床頭燈亮著，天花板的燈也是。他甚至沒脫掉她的皮靴。那房間我再熟悉不過。在我家裡。我的避風港。

「達里安女士，您母親在您家中被性侵數小時之久，加害人是一位陌生男子，當時三十四歲。您父親把過程全部錄下來了。當晚十點五十一分，他們兩人的手機訊號逗留在您家附近。」

儘管我的律師昨天已經向我透露消息，我還是不知道自己能不能承受這樁雪上加霜的無恥行徑。他怎麼能在我的私密空間、在我家犯下這樣的暴行？我們以後還能在這屋內正常生活嗎？保羅會有什麼反應？

「達里安女士，事情不僅如此。我還必須讓您看另一張您母親意識不清的照片，拍攝地點是另一個地方。」

我好想讓時間停下來……想按下暫停鍵。

照片中的我母親依舊是完全相同的姿勢，同樣朝左側躺、毫無生氣，嘴巴是張開的。她身上又是一件鄙俗至極、醜得嚇人的黑色內褲，這條內褲本身對她就是一種羞辱。

這一次的拍攝地點不是我大巴黎地區的家，而是在我的度假小屋裡，在我房間、我床上、我的床單上。我呼吸困難，難以理解自己看見了什麼、聽見了什麼。這次性侵發生於二〇一九年五月六日至七日的夜裡，持續五個小時以上。

這時，我才認清之後的司法硬仗多麼龐大，對我母親與我都是如此。得知曾有陌生人進入我家侵犯她，多令人難以忍受啊。我好想吐。

法官問我，如果我和父親當面對質的話，能不能幫助我從痛苦中解脫。我的精神鑑定報告是這樣建議的。

「如果您願意的話，到時候我會在場，」她說，「這樣一來，您就能向他提出質問，並表達您的感受。」

「我對這個人已經毫無期待。他的人生只有謊言與醜惡。我下次見到父親，會是聽取判決結果的時候，看他站在法庭的玻璃隔板後面。」

之後我問她，這樁案件其他受害者的身分有沒有被查出來。她告訴我，二〇一五年至二〇二〇年之間，有另一名女性被生我的那個男人性侵了十幾次。她也同樣處於受到藥物操控的狀態。我父親事先將藥物拿給這位女性的丈夫，並告訴他應使用多少劑量。這名受害人顯然不願控告她丈夫或我父親，她選擇原諒，並在丈夫被捕後繼續和他通信。這名可憐女性被控制的程度可想而知。亞維儂的檢察官正在審議此案件。

會談即將結束時，法官告訴我，一名加害人要求和我母親對質。他宣稱，事發當時她是知情同意的。他說她示意要他進房！說謊毫不節制，我母親沒被嚇到，她接受和他對質，時間會是最近幾個月。

多虧調查小組與所有相關人士的傑出表現，共計四十七人被傳喚，其中四十五人被訊問並暫時收押，兩人獲釋，另有兩人以輔佐證人的身分安置。一名加害人在逮捕之前不久過世。我希望每個性侵我母親的加害人，都會因為他們多年來讓她承受的這一切而被判刑。

# 二〇二一年十一月二十八日，星期日

書寫結語的此刻，我腦中浮現的是作家莫里斯・平傑（Maurice Pinguet）的一句名言：「書寫，是獻身給我們每個人內心都存在的黑夜。」我如今深陷黑夜。濃濃的暗夜，冰冷異常，是我父親遺留的夜。書寫這本書並未使我得以驅逐黑夜，而是讓我能夠探勘這黑暗，藉此不再那麼畏懼。身為這類案件的受害者，暴露內心是多麼艱鉅的挑戰啊。敢於面對自己，在人生如此沉重而艱險的此刻，拿出所有力氣站上前線迎接挑戰，這樣的考驗使我獲益良多。我感覺自己變得更堅定，感覺我已經準備好要和媽媽與弟兄一起迎戰敵手，以及所有未知之事。

文字的療癒對我而言，是一種裹傷的方式，藉此窺見通往各種可能性的道路。出版這本書是一種賭注，我還不知道前方有什麼等著我，但我相信這只是我投身婦運的起點。

我知道法官會再度聽取媽媽的證詞。每次聽證都是新的黑夜，在其中共鳴迴響的，是我們**從前**的人生。

已有五十多名男性被傳喚並監禁，預審過程將會很漫長、很難熬。性侵我母親的人當中，有一部分會遭受審判。他們當中有些是年輕的獨身者，其他人則是某個家庭的父親、是孩子們的祖父。侵犯我母親的加害人，至少有七十人，甚至更多。有些人反覆侵害她好幾次，持續了十年。我們怎麼會對這些惡狼毫無警覺？

更難以想像的是，主導這一切的人，是我們一直以為身心健全而正直的人，我們如此信任的人……

正式開庭的時間應該會是二〇二四年中，在法國南部的法院。到時候媽媽已年過七十。儘管我們這些孩子都愛她、支持她，她會有足夠的力量與韌性去面對嗎？況且，這場試煉將會持續好幾個月。但我始終提醒自己：如果二〇二〇年十一月二日那一天沒有成為轉捩點的話，我母親至今還會深陷其中。

我想超越來自父親的可怖傳承，將這灘爛泥轉化為重要的東西。性暴力的婦幼受害者亟需幫助。性侵與性犯罪受害者報案之後的陪伴與人身安全，在法國仍有極大的改善空間。心理層面的陪伴以及復原過程的支援仍舊不足，而且過程漫長，有時甚至必須碰運氣。不得不承認，我們每個人能夠享有的待遇仍大不相同。

我希望我的證言能夠敲響警鐘，提醒眾人注意藥物迷姦這項災禍在法國造成的衝擊。大眾仍知之甚少，而藥物操控並不僅限於溶解在酒杯中的迷姦藥，它也可能出自家裡的藥櫃。苯二氮平類藥物（抗焦慮劑）、安眠藥，以及其他精神藥物等等，都是許多性侵案的元凶，觸及所有社會階層與不同職業。若您的記憶經常出問題，請您當心。請立即諮詢醫師，並進行藥物檢驗。

二〇二四年開庭的時候，情況會是如何？到時候，人們能夠意識到事態有多嚴重嗎？目前有許多極有能力的組織致力爭取婦女權益，但這些組織經常是孤軍奮戰面對這龐大的工作，而受害者往往處於驚嚇狀態，她們因恐懼而噤聲。除此之外，沉重的罪惡感與羞恥感也阻止她們行動。我母親和其他眾多女性一樣，一點罪過都沒有，絲毫無需抱持罪惡感。讓我們一同拒絕那些令人難以忍受之事。

# 致謝

感謝我的編輯薇若妮卡・嘉蒂（Véronique Cardi），感謝她的信任、她毫不矯飾的溫暖同理心，從我們首度會面的第一天起，她就始終如此。

感謝克拉拉・杜彭－摩諾（Clara Dupont-Monod），她的建議是如此寶貴，她的言語總能引起許多共鳴，並引導我潛入自己內心深處，去尋找我需要傾訴的一切。在這條既漫長又崎嶇、迂迴曲折的內省之路上，我絕對找不到更好的文學夥伴。

感謝凱瑟琳・符瓊－圖桑（Catherine Fruchon-Toussaint），感謝她充滿建設性的傾聽、溫暖的善意。是她在第一時間察覺，書寫這部證言對我有多麼刻不容緩。

我打從內心深處感謝我的哥哥、弟弟、嫂嫂賽琳、我的表姊妹瑪麗，還有法蘭索瓦與瑪西雍。感謝他們對我的愛，感謝他們時時刻刻的關心。

最後，我要向我的丈夫與兒子獻上無盡的感激，如果沒有他們的話，我不會是現在的我。感謝我的媽媽，她是我最愛的人。